J. N. Längenfeld

Kurzgefasste pragmatische Geschichte des hohen Malteserordens

J. N. Längenfeld

Kurzgefasste pragmatische Geschichte des hohen Malteserordens

ISBN/EAN: 9783743300989

Hergestellt in Europa, USA, Kanada, Australien, Japan

Cover: Foto ©ninafisch / pixelio.de

Manufactured and distributed by brebook publishing software
(www.brebook.com)

J. N. Längenfeld

Kurzgefasste pragmatische Geschichte des hohen Malteserordens

Kurzgefaßte
pragmatische Geschichte
des
hohen Malteserordens
von

deſſen Urſprunge, Schickſalen, Thaten,

und Obliegenheiten

ſammt dem

Verzeichniſſe aller deſſen

Großmeiſter.

Dem

hohen Orden baieriſcher Zunge

gewidmet

von

J. N. Längenfeld, d. R. C.

München, 1783.

Verlegts Johann Nep. Fritz, Buchhändler nächſt
dem ſchönen Thurme.

Eure Excellenzen,

Hochwürdige und Hochgebohrne,

Hochwohlgebohrne, gnädig Hoch-
zugebiethende Herren!

Die ursprüngliche Geschichte dieses hohen Ordens, die beispiellose Thaten, und die abwechselnde Schickſale deſſelben hatten ihre Schaubühne bisher meiſtentheils nur im Orient aufgeſchlagen, und der gemeine Mann bekam in dem fernen Abendlande nur ſehr dunkle, ſehr unvollſtändige Nachricht von jenen Männern, die unterdeſſen eben für ihn, und

A 2 für

für die Aufrechthaltnng seines Glaubens oft all ihr Blut bis auf den letzten Tropfen hingaben.

Nun aber da durch die Großmuth unsres durchleuchtigsten Kurfürsten dieser hohe Orden auch unfrem Gesichtskreise Sich mehr genähert, ist es uns zur Pflicht geworden uns mit desselben Ver-

saß

faſſung, und ſo erhabenen Verdienſten nä=
her bekannt zu machen.

Ich ſchrieb alſo zur Berichtigung der
Begriffe des gemeinen Mannes, und zu
neuer Belebung ſeiner Ehrfurcht gegen
dieſen hohen Orden dieſe wenigen
Blätter nieder, und weihe ſie den erlauch=
ten Gliedern deſſelben in tiefeſter Unter=

A 3   thä=

thänigkeit und Ehrfurcht mit dem heisse=
sten, glühensten Danke unsrem durchleuch=
tigsten Kurfürsten, der Maltas Lorbeere
in das gewis nicht unfruchtbare Baiern
übersetzte.

Dieses hohen Ordens

demüthigst = gehorsamster

der

Verfasser.

Erstes Kapitel.

Wenn Alterthum, Adel, und Erhabenheit der
Pflichten ganz allein schon erkleckten die
Würde, und den Werth einer Verbrüderung zu
bestimmen, so wurde es sehr unnöthig sein bei der
Geschichte des hohen Ordens von Malta etwas
weiteres als nur dessen Namen anzuführen, ohne
die Helden, die er zeugte, die Thatsachen, die er
dem Reiche, und der Kirche leistete, die Wohlthaten, die er ganz unbedingt jeder Klasse von Menschen angedeihen ließ, umständlich anzuführen.

Als im Jahre 1012. die Macht der Saracener Palästinens sich bemächtigte, und jede Spur
des christlichen Namens vertilgte, lehrte sie Geiß
oder Statskunst nur das Grab des Welterlösers
zu schonen, um aus dem Seckel frommer Pilger
reiche Intraden, von der Kirche, und dem Reiche
schwere Tribute zu erheben.

Einige Kaufleute von Amalphi a) die in der
Levante, und im ganzen Orient starken Handel trieben, besuchten bald darauf diese heilige Stätte,
sahen den verübten Greuel der Mahumedaner die
Entheilung des Tempels Gottes, und die Bedrückungen der Christen, und das Bild dieses Jam-
mers war rührend genug um die Frömmigkeit dieser so reichen als empfindsamen Pilger zu thätiger
Hilfe anzufeueren. Aaron damals Calife von Egip-
ten ward bald durch nahmhafte Summen bewo-
gen seine Einwilligung zu ertheilen, daß das kleine
Häuflein der Christen ein Kloster und ein Bethaus
erbauen durfte, um nach den Gebrauch der lateinischen Kirche ihrem Gottesdienste ungestört ab-
warten zu können.

Dies Kloster hieß S. Maria de Latini, ein
Abt und zwölf Mönche verrichteten den Gottesdienst,
und pflegten die armen Pilger, die zum Grabe
des Herrn aus dem fernesten Occident wallten.

So groß die Bedrückungen und die Triebsale
waren, denen sich die Pilger unterziehen mußten,
so unaufhaltsam war ihr Eifer, und so groß die
Anzahl frommer, und oft bis zur Schwärmerei
empfindsamer Seelen ihren Kummer, und ihre ge-
heimen Leiden auf einer Stätte auszuweinen, auf
denen die Thränen des besten Menschen flossen.
Allein das kleine Kloster hatte zu wenig Raum,
nur den kleinsten Theil jener Pilger zu fassen,
die aus allen Orten der Christenheit sich herdräng-
ten.

Die

---

a) Eine Stadt im neapolitanischen Gebiethe.

Die Gutthätigkeit der amalphitischen Kaufleute begnügte sich nicht einen Tempel für bethende hergestellt zu haben, sondern sie beherzigten auch die Trangsale den Kummer, und die Leiden, mit denen die Saracenen die Pilger ohne aller Rucksicht der Personen überhäuften, sie brachten ansehnliche Summen zusammen, und erbauten ein weitschichtiges bequemliches Spital, worinn alle arme oder kranke Pilger verpflegt werden konnten, sammt einer dem heiligen Johann dem Täufer geheiligten Kirche.

I. Gerhardus ein Florentiner war Rektor des Spitals, der mit vielen anderen Brüdern voll Menschenliebe und Thätigkeit die arme und kranke Christen aufnahm, und pflegte. Man nannte sie von ihrer Spitalkirche Johanniter. Sie hatten weder eine eigene Kleidung, noch eidliche Gelübde: Brennender Eifer allen nützlich zu werden, Liebe, und Religion waren die einzigen Bande dieser frommen Brüder.

Während die Johanniter in Jerusalem den Christen alle mögliche Hilfe reichten, rüsteten sich auch die Fürsten des Occidents der Tiranei, der Saracenener zu steuren, und ihrer Herrschaft in Palästina ein Ende zu machen. Zu dem Ende verbanden sich Godfried von Bouillon von Lothringen, Ruprecht Herzog von der Lombardie König Wilhelms aus Aengeland Sohn, Robert Graf von Flandern, Stephan Graf von Chartres, Reimund Graf zu St. Egidien sammt den Gebrüdern Godfried Eustach, Baldavin, Hugo sammt vielen andern Fürsten und Grafen.

Sie nahmen gleich im ersten Feldzuge die mächtigsten Städte Siriens weg, und giengen mit ihrer zwar kleinen aber außerlesenen Armee gerade nach

Jerusalem. Niemand war bey der Ankunft dieses
Heeres wohl freudiger als die Johanniter in der
Stadt, und Niemand that den Belagerten gröſſere
Dienſte als eben ſie, die auch wirklich das meiſte
dazu beytrugen, daß die Stadt in dem letzten Sturm
den 4ten Julius im Jahre 1099. an die Chriſten
übergieng, und Godefrid von Beullion als König
von Jeruſalem erwählet ward.

Dieſer fromme König und deſſen Bruder
und Reichsfolger Balduin wußten wohl, wie viel
ſie der Tapferkeit und Treue der Johanniter ſchul-
dig wären, und beeiferten ſich zu ihren höchſten
Ruhme dieſen Brüdern ihre Dankbarkeit zu bezeigen.

Es wurden ihnen im anfang, zur Vergröſſerung
des Spitals ſowohl, als ihrer Bruderſchaft an-
ſehnliche Summen ausgeſetzt, die das Jahr darauf
wegen ihren auſſerordentlichen Thaten bey der
Schlacht zu Aſkalon, wo ſie unter der Anführung
Gerards ihres Meiſters unter den Saracenern eine
ungemeine Niederlage machten, mit zerſchiedenen
liegenden Gütern und wichtigen Feſtungen vermehret wurden.

II. Raymund von Podio ebenfalls ein Florentiner folgte nach Gerhards Tode in der
Meiſterswürde. Er vermehrte die Anzahl der Brüder mit zwanzig Köpfen, und gab ihnen ſowohl
eine allgemeine Regel, als einen Habit. Der ganze Orden verband ſich nach der Regel des heiligen
Auguſtins zu leben, ſie gelobten Gehorſam, wil-
lige Armuth, und ewige Keuſchheit, wie auch die
armen Pilger aus Europa liebreich aufzunehmen,
und die chriſtlichen Provinzen wider die Unglau-
bige nach Möglichkeit zu beſchützen.

Ihre

Ihre gewöhnliche Kleidung soll schwarz sein
mit einem weissen achteckigten Kreutze auf der Brust,
nur während eines Feldzuges soll ihr Kleid roth
sein, um die Brüder dadurch zu erinnern all ihr Blut
für den christlichen Namen, und den Aufnahm der
Kirche aufzusetzen.

Der Patriarch von Jerusalem, Päbste und
Bischöfe bestättigten diesen Orden verliehen ihm die
herrlichsten Freyheiten, und die kleine Bruderschaft,
die im Anfange nur eine Verbindung armer Kran-
kenwärter war, hatte sich in einer Zeit von zwei
Jahren von dem Jahre 1099. bis 1101. durch die
Belagerung von Jerusalem und die Schlacht bei
Askalon zu so einen Ruhm und Glanze aufgeschwun-
gen, daß sich bald darauf Helden aus den ältesten
Familien um den Orden der Johanniter bewarben,
deren Tugend und Tapferkeit, die sie wieder die
Araber und Saracener sowohl zu Land als zu
Wasser durch männliche Thaten bewiesen, allen
Mächten und Königen Europens Liebe und Hoch-
achtung einflößen.

So wie die Anzahl der Brüder von Tag zu
Tag zunahm, so wuchs auch ihr Ruhm Ptolemais,
Berythus, Sydon, Pharamia in Egypten, Antiochia, Ascalon, Alexandria, Damiata, und noch
viele andere Städte und Festungen entrissen sie der
Macht der Ungläubigen. Die christlichen Fürsten
und Könige, die dem Orden ihren Dank nicht anderst beweisen konnten, ließen selben alle diese Provinzen und Besitzungen als ein Eigenthum, welches
alles in dem Jahre 1155. schon die Macht des
grössesten Königreichs im Orient aufwog.

Allein

Allein der Neid, der die Herzen der Menschen unter jedem Rocke beschleicht, konnte diesen erhabenen Orden nicht länger mehr so ganz ruhig gläuzen sehen, er vergiftete das Herz des Patriarchen von Jerusalem Namens vulco (Volkherr) der durch den Aufnahm dieses Ordens seine patriarchalische Gewalt nicht wenig gekränkt zu sein glaubte. Er verband sich als ein hundertjähriger Greis mit den Bischöfen von Tyrus, Sidon, Awon, Tiberias, Cäsarna, und Sebaste, und gieng mit ihnen gerade nach Rom um von Pabste Hadrian dem vierten eine gänzliche Aufhebung dieses Ordens zu bewürken: Die Hauptpunkte ihre Klage bestunden darinn, daß die Johanniter sich weigerten von ihren Gütern einen Zehend zu entrichten; daß sie nach ihrem Wohlgefallen Kirchen und Spitäler errichteten, und endlich, daß sie auch sogar die Exkommunicirten in ihre Spitäler aufnehmen, und ihnen gleich andern Gläubigen alle mögliche Liebesdienste, ja sogar die letzte Oelung angedeihen liessen.

Allein dieser würdige Pabst, der wieder die Sitte selbiger Zeiten glaubte, daß auch die Exkommunicirten noch Menschen wären, fühlte all das Unwürdige dieser Anklage, wies die Unruhigen Köpfe von seinem Throne in ihre Diocesen zurücke, bestättigte die Privilegien der Johanniter, und beehrte sie noch mit vielen neuen, unter welchen sonderbar dieses merkwürdig, a) daß in Zukunft dieser Orden von aller Jurisdiktion der Patriarchen und Bischofe los gesprochen sein soll.

Alle

a) Vide Bullam Adriani IV. ad Ord. Joh.

Alexander der dritte a) Clemens der Vierte,
und Cärlestin der dritte bestättigten, und vermehrten diese Privilegien noch mit vielen anderen, und
dieser Orden ward in der ganzen christlichen Welt
als die erhabneste Stütze des Christenthums im
Orient, und die Glieder desselben wurden als die
gutthätigsten, als die tapfersten Menschen vom Jedermann hochgeachtet.

Zweytes Kapitel.

Es müste ein Werk mehrerer Bänden werden,
so alle die Eroberungen, alle die für die Sache des Reiches, und der Kirche so glücklich als
standhaft ausgeführten Unternehmungen der Johanniter behandeln sollte. So furchtbar ihre Besitzungen den Feinden des christlichen Namens waren, so
gesegnet waren diese Freystädte allen Christen die
aus dem Occident in diese Provinzen wahlfarteten.

Allein während der Orden im Orient sich von
Tag zu Tag weiter ausbreitete, und verherrligte,
zog sich aus dem benachbarten Occident ein unver-
muthetes Ungewitter über ihn her.

Die Unruhen des abendländischen Reiches, die
unaufhörlichen Fehden der deutschen Fürsten, die
Mißhelligkeiten der Franzosen, Spanier und Brit-
ten, die Ohnmacht der Italiäner und des römi-
schen Hofes dauerten schon so lange, daß sie schon
in

a) Vid. Decretal. lib. 3. tit. 30. cap. 10.

In ganz Orient bekannt waren. Die Saracäner
säumten nicht diese Gelegenheit für ihr Bestes zu
benützen. Sie versammelten eine ungeheure Heeres-
macht und begannen allbereits sowohl alle ihre erlittene
Schlappen zu rächen, als ihre verlorne Besitzungen
wieder zu erobern.

An eine Hilfe aus dem von innern Kriegen
zerwühlten Occident war gar nicht zu gedenken, und
die Saracenen, die schon lange auf so eine Gelegenheit gelauert hatten, fielen nun wie ein aus seinen Ufern getrettener Strom auf ihre Feinde her.

Sie vertrieben den Orden in dem ersten Feldzuge aus ganz Sirien, verherten seine Festungen,
und brannten, was sie nicht behaupten konnten, rein
vom Boden weg; nur dort, und da blieb ein Flecken, wo die von aller Hilfe entblößte Ritter sich
hineingeflüchtet, um entwebers besserer Zeiten zu harren, oder den Trost zu haben mit dem Schwerd
in der Faust in einer Provinz zu sterben, die sie
mit ihrem und ihrer Brüder Blut erkauft hatten.

Die übrigen hingegen die der Wuth der Mahumetaner und der noch schimpflichern Gefangenschaft entronnen waren, flüchteten sich theils nach
Italien theils nach Deutschland und Spanien,
bothen allen ihren Kräften Freunden und Protek-
torn auf der Sache Gottes, und des Reiches sich
anzunehmen, und brachten gleich im folgenden Jahre
1301. eine sehr ansehnliche Flotte zusamen: Clemens der fünfte damaliger Pabst bestättigte mit
einer öfentlichen Bulle, daß alle Inseln, die die
Inhanniter in Asien oder Afrika erobern würden,
für alle Zeiten ihr Eigenthum verbleiben sollten.

Die-

Diese Flotte, ward von dem Großmeister vulco von Villaret ausgerüstet, sie bestund aus drei und zwanzig Schifen welche alle sowohl mit Mannschaft als Munition auf das Beßte versehen waren. Die Genueser allein armierten zehen Galleren.

König Karl der Zweyte von Sicilien versah sie mit starken Summen, und Baumaterialien, Clemens der Fünfte aber stellte dem Orden aus einer eigens dazu ausgeschriebenen Türkensteuer eine ansehnliche Summe Geldes zu. Die Musterung gieng in Apulien vor, und der Großmeister ein eben so ehrgeitziger als tapferer Mann behielt nur die vom Adel, oder ansehnlichen Familien entsprossen waren, auf den Schifen, die übrigen aber schickte er unter dem Vorwand eines Mangels an Munition und Schifen wieder in ihre Heimat zurücke.

Zur Ehre des deutschen Ordens verdient auch hier angeführt zu werden, daß der Prior der deutschen Nation Herr Helwig von Runderseck mit seinen Rittern an diesem rühmlichen Feldzuge unvergängliche Lorbeere sich erkämpft habe.

Diese sowohl in Betracht ihrer Rüstung als ihrer Bemannung so merkwürdige Flotte gieng den 2 Hornung im Jahre 1304. zu Neapel unter Segel, und erwählte die Insel Rhodus zu den ersten Schauplatze ihrer Thaten.

Drit

Drittes Kapitel.

Die Insel Rhodus ist eine der schönsten, und fruchtbarsten Inseln des mittelländischen Meeres. Sie wird unter die sogenannten Cyclades gezählt, liegt zwischen Candien und Cypren, und ist nur eine teutsche Meile von Asien, wozu sie aber noch gerechnet wird, abgeschieden. Sie war den alten unter dem Namen Ophcusa, Telchinis, und Stalicia bekannt, enthält im Umkreise vier und dreyßig Meile.

Die Landschaft ist sehr bergicht, gesund, fruchtbar an Getreid, Wein, und Seide, und hat vorzüglich reiche Goldbergwerke, wovon vielleicht Pindar seine Idee vom goldenen Regen zu Rhodus hergeholt haben mag.

Rhodus ist die berühmteste Insel des Alterthumes. Aeschines hatte dort seine hohe Schule errichtet, die die berühmteste in Orient war. Cleobulus a) Panetius b) Andromeus Pisander, Posidonius, Aristippus, Apolonius, Stratocles, Athenodocus, und unzählige andere Weltweise bildeten sich unter diesem immerlachenden Himmelsstriche zu Wunder ihrer Zeiten aus.

Diese Insel ward in dem Jahre nach Christi Geburt 132. von den Saracenern bald darauf aber wieder von den Christen eingenohmen, bald von den Griechen, bald von den Venetianern besessen, bis sie die Saracener den Christen zum zweyten

---

a) Einer aus den weisen Griechenlandes.

b) Der Lehrmeister des Scipio des Afrik.

tenmal wegnahmen, und selbe über eine Zeit an
Ottoman den ersten türkischen Sultan wieder abtretten mußten. Was noch weiter von den Staaten zu Rhodus, von seinen Meerespforten, Kolossus
u. d. g. Merkwürdigkeiten zu sagen wären, findet
sich in allen Reisebeschreibungen umständlich genug vor.

Als nun die Johanniter dieser durch Natur und
Kunst sehr wohlbefestigten Insel nahe kamen, und
schon zu einer förmlichen Belagerung derselben sich
gefaßt gemacht hatten, versahen sich die Türken
nicht nur allein wenig gutes, sondern schickten, so
gut sie auch von innen und außen bedeckt waren,
um schleunigste Hilfe nach Sirien, wovon ihnen
auch immer frische Hilfe und Proviant, ohne daß
die Johanniter es hindern konnten, zugeschickt wurde.
Wie unermüthet nun hir die Tapferkeit dieser Ritter, wie anhaltend ihre Kräften und heldenmäßiger
Geist bei dieser beinahe ganz hofnungslosen Belagerung alles mögliche Ungemach ausgehalten habe,
kann man leicht ermessen, wenn man bedenkt, daß
der Orden ungehindert seines Verlurstes, den er
in einer vierjährigen Belagerung, wo er die heftig-
sten Ausfälle der Barbaren aushalten mußte, ohne
mindesten Ersatze ausstund, die Sache durch seinen
Muth und Verachtung aller Gefahren doch noch
endlich so weit gebracht, daß Ottoman den 15 August 1308 die Insel räumen, und sein Leben so wie
seine Habschaft wohin er wollte flüchten mußte.

Sie eroberten auch noch weiter sechs andere
nicht geringe Inseln, als Nicaria, Episcopia, Jolli,
Limonia, Sirana, und Lango, a) welche alle von

B besag-

_____

a) Die Insel Lango vormals Coos ist das Vaterland
des Apelles und des Hippokrates.

besagten Pabste Clement dem fünften dem Orden
der Hospitaler auf ewige Zeiten zugesprochen wur=
den. Sie wurden nun nach der clementinischen
Bulle Rhodiserherren genannt, und bekamen einen
ansehnlichen Theil von den Reichthümern der wegen
vielen Verbrechen in dem Jahre 1312 aufgehobenen
Tempelorden, wodurch die Macht dieses hochwür=
digen Ordens eben so sehr befördert wurde, als der
Ruhm der Tapferkeit und Tugend es schon war.

So bald der hochwürdige Orden sich im Be=
sitze dieser so gesegneten Provinzen sah, war auch
seine erste Sorge sich derselben auf alle Zeiten zu
versichern. Zu dem Ende befestigten sie nicht nur
alle wichtigen Plätze auf das vortreflichste, sondern
errichteten auch noch mehrere neue Festungen, wo=
runter St. Petersburg in Asien (das Kastel san
Piedro) die merkwürdigste, und den Tag und Nacht
herumschwärmenden türkischen Horden die nachthei=
ligste war. Sie war auf den Ruinen der alten
Stadt Halikarnassus erbauet, und, da sie auf einer
Seite an dem festen Lande hanget, den sich herüber
flüchtenden Christen ein Zufluchtsort. a)

Der Ingrim der Türken über einen so wich=
tigen Verlust ist leichter zu begreifen als zu be=
schreiben, in dem die Rhodiserherren nicht nur al=
lein einen Platz um den anderen befestigten, son=
dern auch jedes türkische Schif, so in der weiten
mit=

a) Sehr merkwürdig sind auch die Hunde, die die
Riter in dieser Festung hielten, sie waren ausserordent=
lich groß, stark, und wohl abgerichtet. Sie zerrissen jeden
Türken, der sich blicken ließ, schwärmten den ganzen
Tag herum, und kammen nur auf ein gewisses Glocken=
zeichen um ihr Mittagsbrod in die Festung zurücke. Vid.
Megiseßi Historiographi Saxoniensis & Prof. Hist. de=
script. Insf. Malt. cap. 9.

mittelländischen See sich blicken ließ aufbrachten,
die Christen befreiten, und die Türken in Fessel warfen. Sonderbare Dienste that den Rhodisern die
Insel Costiles, worauf sie ein sehr festes und hohes
Schlos hatten, worauf man die offene See in die
50 Meilen weit übersah, und also den Ritern um
so viel weniger nur ein einziges Schif entwischen
konnte, als, wenn sich nur von weiten eines blicken
ließ, alle Riter bei Tag durch einen Rauch und bei
der Nacht durch eine Flamme darauf Jagd zu
machen aufgebothen wurden.

Ottoman der erste konnte diesen so glücklichen
Fortgang der rhodischen Waffen ohnmöglich mehr
länger ruhig ansehn, er nahm sich es also vor,
diese Insel sich entweders wieder zinnsbar zu machen, oder selbe von Grund aus zu verstören. Er
schickte also seinen eigenen ältesten Sohn Orchan
mit achtzig Kriegsschiffen nach Rhodus. Dieser
Kommendant, der, wie das Sprichwort sagt, die
Haut des Bären schon vor der Jagd zu Markt
tragen wollte, versprach sich den Sieg schon so un-
fehlbar, daß er viele Schiffe mit Männern, Wei-
bern und Kindern als einer künftigen Pflanzfami-
lie mit sich führte, vor Episcopia ankerte, die Collonie aus Land setzte, und einige Gesandten, die
in Ottomans Namen den Tribut erheben sollten,
nach Rhodus abfertigte.

Der Großmeister von Rhodus und die sämmt-
lichen Riter empfiengen die Abgesandte sehr höflich,
bewürtheten sie drei Tage lang auf das Beste,
wischten aber den dritten Tag mit gesammter Macht
über die türkische Flotte her, schlugen sie gänzlich,
verbrannten alle Schiffe, die sie nicht bemannen konte

ten, und schlugen die ganze mitgebrachte Collonie zu Episcopia tod.

Als nun der Großmeister dem anderen Tag wieder nach Rhodus zurückkam, ließ er die Abgesandte zu sich rufen, und ertheilte ihnen diesen Bescheid: Sie sollten ihrem Sultan anzeigen, daß die Rhodiser ihren Tribut zu Episcopia allbereits erlegt hätten, und daß sie es wohl zufrieden sein würden, wenn er alle Jahre so viele Bothen schickte, denselben einzutreiben. Mit dieser Antwort schickte er sie nach Episcopia zurück, wo sie die Münze erst kennen lernten, womit die Rhodiser die Türken zu bezahlen pflegen. Diese Zahlung wurde von den Türken für so giltig aufgenommen, daß sie lange Zeit nicht mehr darandachten nach Rhodus um Tribut zu schicken.

Bei diesem Trefen thaten besonders die Genuäser mit ihren Kriegsschiffen, und die deutschen Riter, worunter sich sonderbar Hr. Konrad Werner von Hatschat damals des Johanniterhauses zu Barghenn Verwalter sich auszeichnete, sehr gute Dienste zum Besten aber hielt sich Herr Amadeus Graf von Savoijen, daher führen noch heut zu Tage die Hrn. Hrn. Herzoge von Savoijen ein weisses Kreutz im rothen Felde in ihren Wappen, und in dem zum Denkmale dieser Schlacht errichteten Orden della nunciata diese Buchstaben F. E. R. T. fortitudo ejus Rhodum tenuit. Der beständige Großmeister dieses Ordens ist auch noch heut zu Tage immer der Herzog von Savoijen.

Lange Zeit darnach versuchte auch Habusach Sultan von Egypten an den Rhodisern sein Unheil; allein er muste nach einem fünf jährigen Krieg zu Wasser und zu Lande mit dem Verlurste seines ganzen Herres abziehen.

Viertes Kapitel.

Niemand empörte sich wohl mehr gegen die un-
überwindliche Macht der Rhodiser als Mahomet der zweite, den die Eroberung von Constantinopel und Trapezunt albereits stolz genug gemacht
auch mit den Rhodisern es aufzunehmen. Sein
noch über die 24 Jahr immer anhaltendes Krieges-
glück reitzte ihn um so viel mehr den Namen der
Rhodiser zu zernichten, als um ihre Festungen und
Schiffe so zu sagen gerade vor die Nase hinge-
pflanzt waren, und seine so oft für unüberwindlich
anerkannte Macht sehr Elend gegen selbe abstach.

Noch mehr aber trugen bei den Sultan zu einen
Zug wieder die Rhodiser zu wagen einige Verräther, die wir in aller Kürze vormerken wollen. Der
vorzüglichste unter denselben war wohl Paläologus
ein unwürdiger Nest des letzten constantinopolitani-
schen Kaiserstammes, ein Renegat, der sich um
einigen Schimmer voriger Hohheit beizubehalten be-
schneiden ließ. Er ward unter dem Namen Misach
Paläologus Bassa, und in dem Feldzuge wieder
die Rhodiser Admiral. Diesem ward zugegeben
ein andrer Verräther Demetrius. Antonius Me-
ligalus ein Renegat machte den Türken ebenfalls
grosse Hofnungen. Er war ein gebohrner Rhodiser und von sehr guter Familie, der aber nach dem
er sein wiewohl sehr grosses Vermögen durchgebracht
hatte, aus Verzweiflung zu den Türken übergieng,
und ihnen einen getreuen Plan von den Festungs-
werkern zu Rhodus auf einer Tafel überbracht, und
selben die hin und wieder sehr schadhaften Mauren,

den Mangel an Proviant, und die Schwäche der
Besatzung auf das lebhafteste schilderte.

Allein der damalige Großmeister und Fürst Hr.
Peter Dambuffon ein Mann von eben so grosser
Weisheit als Tapferkeit, der ebenfalls einige getreue
Kundschafter zu Constantinopel im Solde hatte,
erfuhr die Absicht der Türken früh genug um sich
in gehörige Fassung zu setzen, obschon die Türken
in allen ihren Meeresporten die eifrigste Sorge an-
wendeten die Sache vor den Rhodisern so lange in
Geheim zu halten, bis sie selbe unvermuthet über-
fallen könnten. Er ließ zu dem Ende in möglichster Eile die Mauern und Gräben auf das sorgfäl-
tigste verbessern, versah die Stadt mit Wein und
Korn, berief die überall zerstreute Riter nach Rhodus zusammen, nahm christliche Soldaten in Sold,
wozu er sowohl von Ludwig den XI. aus Frankreich ansehnliche Summen, als auch vom Pabste
Sixtus dem IV. viele geistliche Zehend, vom König Ferdinand zu Neapel aber auf viele Monate zu-
reichenden Proviant, Pulver, Waffen und Harni-
sche erhielt, wovon aber der Verräther Antonius
zum Unglücke der Türken kein Wort erfuhr.

Mahomet gieng unterdessen mit seinen Spio-
nen fleißig zu Rathe, wovon endlich das Resultat
war, daß er einige Griechen als Abgesandte nach
Rhodus schickte, die einen Versöhnungsvertrag mit
den Ritern zu Stande bringen sollten, doch mit dem
Bedingniß, daß Rhodus jährlich dem Sultan einen
gewissen Tribut, gleich gegenwärtig aber ein ansehnliches Geschenk entrichten sollten. Allein die Rhodiserherren, deren Pflicht es ist, den Verfolgern des
Christenthumes allen möglichen Abbruch zu thun,
verwarfen diesen Antrag mit Unwillen, und riethen
den

den Abgesandten einen bäldigen Abzug. Mahomed
dessen Stolz durch diese demüthigende Zurückwei-
sung nur noch mehr erbittert wurde, fieng an eine
um die andere den Rhodisern angehörige Insel anzufallen, wobei er aber nie was weiters ausrichtete,
als das er die Exekutoren seiner Befehle an Spiessen
oder Galgen umkommen sehen muste.   Daher rafte
er so gut er konnte eine Armee von mehr als 124000
Mann zu Wasser und zu Lande zusammen, um
so wohl der Herrschaft der Rhodiserritter ein Ende
zu machen, als auch nun dadurch bessere Gelegenheit zu erhalten das Land der Christen in Occident anzufallen.   Er führte also die Hälfte seines
Heeres durch Asien nach Licia, wo es zur See gieng
und für Rhodus fuhr.   Die andere Hälfte aber
sollte zur See mit der ganzen Kriegsmunition, Proviant, und groben Geschütze dahin absegeln.

Drei Monate vor dem Anfange der Belagerung
kam des Hr. Großmeisters leiblicher Bruder Antonius mit einer guten Anzahl edler und männlicher
Ritter aus Auvergne zu Rhodus an.   Ingleichen
kam auch der tapfere Hanns von Au, der damals
Ordensprior in Deutschland war, mit einer Menge
zu siegen oder zu sterben entschlossener Deutschen
daselbst an, nachdem kurz zuvor der berühmte Benedikt Skaliger aus dem alten durchlauchten Geschlechte der Markgrafen zu Dietrichsbern mit sei-
Reisigen zu den Rhodisern gestossen, sie waren alle
tapfere Veronäser, so wie der Vater, Anherr, Ur-
und Ururanherr alle Fürsten zu Verona waren. a)

B 4   Der

a) Der Sohn dieses Benedikt Skaliger, war Julius
Cäsar, sein Enkel aber Joseph Skaliger diese um die Wis-
senschaften zu ihren Zeiten so verdiente Männer.

Der Großmeister versah alle seine Castelle mit
Soldaten Proviant und Waffen, alle Einwohner
der Dörfer aber zohen in die Stadt, brachten eine
große Menge Korn und Weines mit sich, nachdem
sie erst alle Feldfrüchten ob schon noch nicht reif genug abgeschnitten, und mit dahin abgeführt. Kaum
war das alles in möglichster Eile zu Stand gebracht,
als der Wächter auf der Wart die mit vollen Segeln einherschiffende feindlichen Galeren verkündete.
Das Schröcken der Einwohner war eben so un-
aussprechlich als der Muth der Ritter, und ihre
Begierde mit den Feinden des christlichen Namens
manchen Gang zu thun. Die ganze Flotte lande-
te den 22. Junius 1480.

Gleich bey ihrer Ankunft ranten sie zu Pferd
und zu Fuß wie unsinnige Leute vor die Stadt,
erhuben ihr barbarisches Geschrei, und lockten zu
ihren Unheil einige Ritter hinaus, von denen sie
aber zweimal hintereinander mit sehr blutigen Köpfen nach Hause geschickt wurden. Von Seite der
Ritter gieng ein einziger, der sich zu weit wagte, verlohren, dem die Barbaren dem Kopf abschnitten,
und selben auf einer langen Stange dem Mamelucken Palæologus überbrachten.

Den anderen Tag nach ihrer Ankunft setzten
die Türken drei sehr schwere Canonen in die Gärten, so an die St. Augustinskirche stossen, und beschossen den auf einem im Meere gelegenen St. Ni-
kolasthurm unaufhörlich: Denn es lag den Türken sehr daran die Anhöhe, und den Thurm zu St.
Nikola zu gewinnen, da nämlich dadurch die Gelegenheit mit ihrem Geschütze die ganze Stadt zu
bestreichen ungemein erleichteret würde. Diese Anhöhe, oder der steinerne Dam ward von den Alten

ten mit unbeſchreiblicher Mühe von Menſchenhän-
den erbauet. Er erſtreckte ſich über die 300 Schrit-
te weit in das Meer hinein. Sein Eingang iſt auf
beeden Seiten dergeſtalt mit Felſen umſchloſſen,
daß nur ein einziges Schif dieſe Enge durchſtreichen
konte, auf welcher in der Vorzeit der berühmte
Coloſſus angebracht war.

Herzog Philipp von Burgund baute auf dieſe Anhöhe eine Burg, die, ob ſie ſchon von mehr
als 500 ſchweren ſteinernen Kugeln beſchoſſen wurde, doch ſo glücklich niederſtürzte, daß der von
Kalk und Steinen vermiſchte Schut den Thurn beinahe beſſer vertheidigte, als die Burg ſelbſt in ihrem beſten Zuſtande es hätte thun können. Es
ward auch noch über das ein aus Holze gemach-
tes Bollwerk ſamt einem ſtarken Graben rings um
den Thurm gezogen, der mit einigen Reitern und
Scharfſchützen auf das beſte beſetzt, der Grund
des Meeres ſelbſt aber, der in dieſer Gegend ſehr
ſeichte iſt ward mit von Steinen beſchwerten und
mit langen ſpitzigen Nägeln beſchlagenen Diellen
belegt, damit ja weder Mann noch Pferd durch-
kommen konte.

Unten an der Anhöhe war ebenfalls ein Bollwerk angebracht, und nur die beſte Auswahl der
Ritter in dieſelbe verlegt, als unter anderen Skaliger, Craonus, Fabricius, Corretus, und Antonius Dambuſſon, um dem in dem Thurme liegenden Großmeiſter zu Hilfe zu kommen. Während
die ſchweren Canonen, die an demſelben Ende der
Stadt gepflanzt waren, wo die Türken ihre Schiffe ſtehen hatten, denſelben einen nicht geringen
Schaden zufügten. Eine Menge Brandſchiffe
ſtunden in Bereitſchaft, die das Lichten der Flot-

te mit Sehnsucht erwarteten. Alle Wachen erwar=
teten den nahen Sturm, der um so viel weniger
förchterlich war, als man ihn schon als gewiß vor=
her sah.

Den anderen Tag, als die Türken eben ei=
nen sehr vortheilhaften Wind hatten, lichteten sie
alle ihre Anker am St. Stephansberge, fuhren an
dem Berge Saturne einher, und erhoben ein sol=
ches Geschrei und Paukengedonner, daß die Fun=
damenten vor Rhodus darüber hätten erbeben sol=
len. Sie sprangen mit einer bei dem trägen Mor=
genländer nie gesehenen Fertigkeit ans Land, und
setzten mit einem tollkühnen Sturme an besagtem
St. Nikolausthurm. Doch die Rhodiser, die die=
sen Auftrit schon lange erwartet hatten, begegneten
ihnen mit solchem Feuer, daß nach einem eine
Stunde langen Gefechte 1800 Türken erschlagen,
über 1000 verwundet, und eine ansehnliche Men=
ge als Gefangene eingebracht wurden.

Als die Rhodiser diesen ersten Sturm so sieg=
reich als glücklich abgeschlagen, rit der Großmei=
ster samt seinen Rittern in prächtiger Rüstung und
triumphalischen Prachte in die Stadt, wohnten in
der Kirche u. l. Frauen dem feierlichen Te Deum
bei, und gaben während demselben anstat unnü=
ßer Freudenschüsse so vollwichtige Salven unter die
türkischen Schiffe, die manchen Mast über Bord
warfen. Das Ende des Tages ward mit einer
treflichen Tafel im Schlosse, gefeiert.

Die Türken, die diese Feierlichkeit der Rhodi=
ser sehr übel aufnahmen rüsteten sich alsobald zu ei=
nen noch weit nachdrücklicheren Sturme. Sie un=
ternahmen sichs alle Mauren auf einmal zu beschief=
sen, damit die überall zerstreuten Rhodiser einen

desto

desto schwächeren Widerstand zu leisten im Stande sein sollten. Sie führten daher acht ihrer schwersten Stücke vor die Judenmauer, um jenem Theil der Stadt, worauf die Windmüllen stunden zu beschiessen. Der Großmeister, der die Absicht der Türken bald genug errieth, ließ alsobald alle Judenhäuser, die in selbem Garten stunden niederreissen, und ein Bollwerk samt einem neuen Graben und Mauer dafür aufführen, welche Arbeit mit solcher Ordnung und Fleise unternommen ward, daß das ganze Werk in vier und zwanzig Stunden fertig dastund, hingegen arbeiteten nicht nur Bürger und Soldaten unaufhörlich fort, sondern auch Frauen, Mägde, Ritter, Prioren, Ballaien, ja der Großmeister selbst arbeiteten jeder nach seinen Kräften unermüdet fort; die Frauen der Landvögte die sich dahin geflüchtet, vergaßen ihrer zärtlichen Hände und ihrer wimmerenden Säuglinge, und trugen Steine, Kalk, und Erde zu.

Die Türken wagten nun Sturm auf Sturm, minirten wie die Schermäuse die Kreuz und die Quere, nahmen zu jeder List und Verrätherei ihre Zuflucht, schickten Giftmischer und Mordbrenner in die Stadt. Auch das grobe Geschütz deßen sich die Türken damals bedienten, war von einer ausserordentlichen Größe, und warfen damit Steinkugeln von drei Werkschuhen im Durchschnit in die Stadt. Der Sturm, den sie den 28 August unternommen, war wohl einer der fürchterlichsten, der je mit Menschenmacht zurückgeschlagen werden konte. Mauern und Bollwerke stürzten unter dem unaufhörlichen Donner der türkischen Basilisken
und

a) und Rhodus hatte beynahe keinen anderen Wall mehr, als die Brustwähr seiner Ritter. Schon waren einige hundert Türken auf die Mauern geklommen, Monde und Rosschweife waren durch einige Lücken in die Stadt geschleudert, der Großmeister war schon mit fünf gefährlichen Wunden bedeckt von den Mauren getragen, und dem ohngeachtet trieb die Gewalt der Ritter ihr fast mehr als menschliche Standhaftigkeit, und der Gedanke für die Sache Gottes zu fechten, nach einem dreistündigen mehr Gemezel als Gefechte die Feinde zurücke. Ihr Abzug war Flucht, war ein feiges unordentliches Durcheinander rennen. Viele rannten in die Degen ihrer eigenen Kammeraden, bei dreihundert wurden in die Judengasse hinabgetrieben, und niedergehauen. Es ward auch verbothen nur einen einzigen gefangenen einzubringen, sondern alles niederzumachen. Die Beute so die Rhodiser nur allein an kostbaren türkischen Rüstungen, Fahnen, Standarten, und Pferdezeigen einbrachten war von beinahe unschätzbaren Werth, zu geschweigen was sie an Stücken, Gezelten, Proviant, und Pferden eroberten, so der Feind bei seiner Flucht und Einschiffung nicht mehr fortbringen konnte.

Die ganze Flotte lag neun und achtzig Tage vor Rhodus, in welcher Zeit er eilf Hauptstürme auf die Stadt unternahm, wobey türkischer Seits 9500 todte, und 15000 verwundete sich fanden. Auch die Rhodiser verlohren manchen edlen und tapferen Riter und ihr Verlust an todten belief sich auf 800, der Verwundeten aber gegen die 2000.

Sämmt-

---

a) So hiessen zwölf ungeheure zwei und zwanzig Spannen lange Canonen, die Arbeit eines sehr künstlichen Stückgiessers und Renegaten.

Sämmtlich auf der Wahlstadt gebliebene Türken
ließ der weise Großmeister sammt ihren Kleidern
verbrennen, und es durfte den Todten aus Besorg-
niß einer zu verbreitenden Pest nichts als baares
Geld, Geschmeid, und Waffen abgenommen werden.
Mit welch-freudigen und dankbaren Herzen die Ritter ihrem Sieg und den Abzug der türkischen Flotte
gefeiert, läßt sich aus den Trangsalen ermessen, die
sie während dieser dreizehn Wochen langen Belagerung ausgestanden.

Fünftes Kapitel.

Mahomet starb drei Monate nach dieser für ihn so
schimpflich Expedition. Bajazeth aber dessen
Nachfolger gerieth gleich beim Antritt seiner Regierung
mit seinem Bruder Zizimus in Händel, der aber, weil
er sich zum Widerstande viel zu schwach fand, zu
den Rhodiserherren sich flüchtete, die ihm allen ihren
Schutz angedeihen liessen, so zwar daß Bajazet nicht
nur mit den Rhodisern den Bund eingehen muste
sie nimmermehr zu bekriegen, sondern er muste auch
für seinen Bruder dem Orden jährlich 45000 Dukaten Kostgeld erlegen.

Allein die Rhodiser, die eines theils ihren
Kostgänger bei ihnen nicht so ganz sicher zu sein
glaubten, oder aus diesen Vorwand sich die
Türken wieder neuerdings auf den Hals zu ziehen
besorgten, schickten den Zizimus nach Frankreich, wo
er bis 1488 verblieb, nachmals aber aus Verlan-
gen

gen des Pabstes Innocens des |VIII nach Rom
geschickt ward. Er blieb auch dort bis 1495, wo
ihn Pabst Alexander der VI. an Carl den VIII. König von Frankreich, der damals durch Rom zog um
Neapel einzunehmen, abtretten muste. Allein Zizimus kam nicht weiter als bis nach Capua, wo ihm
einer von den päbstlichen Meichelmördern Gift gab,
woran er auch sein unglückliches Leben endete.

Rhodus Genoß nun bey vierzig Jahre eines
ungestörten Friedens. Die Ritter, deren Namen
durch ihre der Menschheit erwiesene Wohlthaten
der Welt schon eben so unvergeßlich, als durch
ihre Siege dem Reiche ehrwürdig, und den Feinden des christlichen Namens furchtbar waren. Ihr
einziges Bemühen zweckte dahin ab christliche Schiffe zu gleiten, gefangene Christen in Freiheit zu setzen, und den Mahumetanern so viel es nur immer möglich war, Abbruch zu thun. Und wirklich
war den Türken durch den letzten Feldzug die Lust
mit den Rhodisern noch einmal anzubinden so sehr
vergangen, daß sie lieber jährlich einige Schiffe,
die ihnen der Orden weggenommen verschmerzen,
als selbe mit zehenfachen Verlurste wieder vindici-
ren wollten. Da aber im Jahre 1520 Kaiser
Selim die Regierung antrat, gewann die Sache
gar bald ein kriegerisches Aussehn. Er hatte schon
seit langer Zeit einen brennenden Haß gegen die
Rhodiser gefasset, und da ihm nun seine Gesund-
heits Umstände es nicht mehr erlaubten, persönlich mit den Rhodisern sich zu messen, so berief er
seinen Sohn Solyman noch auf seinem Sterbebette
zu sich, und nahm ihm den Eid ab nicht nur Griechisch Weissenburg in Ungarn, sondern auch Rhodus in eigener Person zu belagern und einzunehmen.

Wie

Wie getreu Solyman in Rückſicht griechiſch
Weiſſenburg ſeinen Eid erfüllet habe, gehört in die
ungariſche Geſchichte: Wie er aber ſeinem Vor-
ſaße gegen Rhodus nachkamm, wollen wir hir,
ſo kurz als möglich, hören, wenn wir uns erſt
mit einem Umſtande bekannt gemacht, der die
Haupturſache der zweiten Belagerung von Rhodus war.

Es gieng ſelber Zeit eben Herr Fabritius von
Carretto Großmeiſter der Rhodiſerritter mit Tod
ab. Die Herren Ritter hielten alſobald ein allgemeines Kapitel, bey welchem ein portugeſiſcher
Ritter Anton Marolius damaliger Ordenskanzler
um die höchſte Würde anhielt; allein er konte die
nöthigen Stimmen bey weiten nicht zuſammenbrin-
gen, ſondern es wurde mit einhelliger Stimme erwählt Herr Philipp de Villiers l'Isle Adam, der
ſich ſelber Zeit eben bey dem Könige zu Paris auf-
hielt. Kaum vernahm Moralius dieſe Wahl und
ſeine Hindanſetzung, ſo erklärte er ſich als einen
immerwährenden Feind des Ordens, er verhetzte
nicht nur den Kaiſer Solyman auf das giftigſte
gegen den Orden, ſondern verſprach auch denſelben ihm alle mögliche dienliche Nachrichten, und
Anſchläge zu ertheilen. Wie ſehr dem Türken
dieſer Anſchlag behagte iſt leicht zu ermeſſen; ja der
Muth des Solymans wuchs dadurch noch deſto-
mehr, als er hörte, daß die zween fürnehmſten
Baſchas Muſtapha und Pyrus Apeclerus des
Kaiſers Schweſtermann, ja ſogar auch noch Cor-
togul jener Berühmte Seeräuber dieſen Feldzug für
die Ehre Solymans und ſeinen Vortheil höchſt
rühmlich ja unmittelbar nothwendig erklärten. Alle dieſe als die abgeſagteſten Feinde der Rhodiſer
ver-

verhetzten den Kaiser so sehr es ihnen möglich war,
rechneten ihm den Schaden vor, den die Pforte
Durch diesen Orden schon erlitten hatte, und er=
innerten ihn so lange und viel an seinen abgelegten
Eid, bis er endlich in dieser verhaßten Sache den
ersten Schritt that.

Er grif im Anfange die Sache sehr listig an.
Er schickte einen Chiaus mit einem Briefe nach
Rhodus, in welchem er dem Großmeister zu sei=
ner neu erhaltenen Würde Glück wünschte, und am
Ende desselben von ihm ebenfalls einen Ehrenbo=
then verlangte, der der Pforte über die Eroberung
von Griechisch Weissenburg im Namen des Ordens
die Glückeswünsche überbringen sollte. Der Groß=
meister nahm, wie sichs leicht zu gedenken diesen
Spaß sehr übel, und schrieb dem Sultan durch
den nämlichen Chiaus zurücke: 1) Daß er dem
Sultan für seinen Glückeswunsch so sehr danke,
als er glauben könne, daß er aufrichtig gemeinet
seie. Daß er als Christ und als Ritter von Rho=
dus die Nachläßigkeit des König Ludwigs, ohne
welcher Griechisch Weissenburg nie verlohren gegan=
gen sein würde, Zeit lebens bedauren und verab=
scheuen wolle. 3) Endlich, daß er keinen unnützigen
Menschen in Rhodus habe, den er nur bothen=
weis bis Constantinopel schicken könnte.

Solyman der sich wohl eingebildet haben moch=
te, daß er in Rhodus nicht so sanft, als in Bel=
grad (Griechischweissenburg) aufgenommen werden
würde, bestellte durch Vermittlung einiger Kaufleu=
te einen Kundschafter der zu Rhodus wohnte, einen
Juden nämlich, wie sich doch diese Leute so gut
kannten? Der um seine Rolle ja bis zur höchsten
Illusion zu treiben, sich taufen ließ: Weil man
näm=

nämlich auch dortmals schon den Menschen nach
äusserlichen Grimassen zu beurtheilen pflog.

Der Großmeister erfuhr in kurzer Zeit, daß
man sich türkischer Seits mit aller möglichen Eile
und Sorgfalt zu einen schweren Kriege ausrüste,
und er war ein zu erfahrner Staatsmann um es
nicht, so zu sagen, mit Händen zu greifen, daß
dieses alles auf Niemand, als auf die Rhodiser
gemünzet seyn könne. Daher verproviantirte er
sich auf das allerbeste, verbesserte die Mauren und
Gräben, baute neue Pasteien, die er mit dem vor=
treflichsten Geschüz ausrüstete, und musterte seine
Mannschaft, wobei er aber nicht mehr, als 5000
Mann fand, die er aber mit den besten Wafen
und Rüstungen versehen konte.

Er schickte daher also bald etliche Ritter an
Kaiser Carl den V. Franz I. König in Frankreich,
Heinrich König in Engelland, und an den Papst,
und rief sie um schleinige Hilfe an. Allein diese
Fürsten hatten für ihren eigenen Herd die Hände
voll zu thun, da beinahe ganz Europa von inner=
lichen Kriegen zerwühlt war, und konten also für
die Sache Gottes keinen Mann entbehren, da sie
um der Sache der Kirche willen für und wieder ge=
nug zu fechten hatten. Wohl aber wurde durch
das ganze katholische Europa das bekannte Tür=
kengebeth (pro Paganis) in die Messe eingeschal=
tet; öffentliche Gebethe, Fasten, und andere Buß=
werke wurden sowohl von der griechischen als latei=
nischen Kirche zu allgemeiner Auferbauung ange=
stellet.

Ehe nun aber die Belagerung anfieng, welkes
doch vor dem Neumond nicht geschehen durfte,
schrieb Solyman noch einmal an dem Großmei=

ster, und befahl ihm sogar Rhodus aufzugeben.
Both ihm alle Freundschaft an, beschwor es bei
Gott, bei den vier Evangelisten, bei den 24000
himmlischen Propheten, und bei Mahomed dem
Obersten derselben, bei dem seines Anherrn, seines
Vaters, und seinem eigenen Haupte, daß er sein
Anerbiethen steif und unverbrechlich halten wolle;
allein der Großmeister antwortete auf das alles
mit keiner Silbe.

Es kam also den 14 Junius im Jahre 1522
die ganze türkische Flotte mit dreißig Kriegsschiffen
zu Lanzo an. Eine Menge Türken wurde alsobald an das Land gesetzt, um die ganze Insel zu
verheeren; allein Pretan ein Gascognier und selber Zeit Oberster dieser Insel ein überaus tapferer
Ritter begegnete diesen Gästen so nachdrücklich, daß,
wenn sie nicht ihre Schiffe so nahe gehabt hätten,
nicht ein einziger, der diesen Aufnahm den übrigen
hätte hinterbringen können, entronnen sein würde.
Mehr als die Hälfte der Feinde wurde niedergemacht: Die Ritter hingegen verheerten alles, was
sie in den Gärten und Vorstädten an Früchten
und andern nutzbaren Dingen hatten, damit es den
Türken nicht zu Guten käme, und zogen sie mit
allem, was sich fortbringen ließ in die Stadt
zurücke.

Den 26 ward den Rhodisern von dem Wächter der St. Stephanswarte die Ankunft der türkischen Flotte gemeldet. Die Stadtpforten wurden alsobald gesperret, und jederman eilte auf die
Mauren und Schanzen an sein bestimmtes Ort.
Der Feind hatte mehr als 300 zerschiedene Schif,
te, worunter die Capitana des schon oben gemeldten Seeräubers Cortegul, und jener des Cara

Maho

Mahomed, der aber während der Belagerung er-
schossen wurde, die vorzüglichsten waren.

Sie nahten sich anfangs dem Port, allein
die in der Festung feuerten so unablāßlich auf sie
hinein, daß sie es wohl bleiben ließen, und hinter
einen Hügel etwa zween Büchsenschüsse vor der
Stadt landen konten, wo sie denn ihre Mannschaft
so wohl als ihre Canonen, deren sie eine ungeheure Anzahl und von verschiedenen Caliber halten,
an das Land zohen. Es ist nicht auszusprechen,
mit welcher Wuth und Ungestümme die Feinde die
Belagerung anfiengen. Sie hatten bei 50000
Schanzgräber, die ehe man sichs versah, Felsen
durchbrachen, aus Bergen Thäler und aus Thä-
lern Berge machten. Sie untergruben die Stadt
an allen Orten und Enden, denen aber die Rhodiser auf das eifrigste entgegen minirten, so daß sich
in kurzer Zeit zwei und dreißig unterirdische Gänge
fanden. Die Belägerte thaten verschiedene, und
sehr vortheilhafte Ausfälle, wobei sie viele Gefangene einbrachten.

Den 27 August kam Solymann selbst mit
15000 der auserlesensten Mannschaft in das Lager. Seine Ankunft wurde mit so einem Canonen-
donner auf die Stadt gefeiert, daß sich den anderen Tag viele tausend Kugeln in der Stadt fanden,
worunter auch viele kupferne mit unterschiedlichen
Schlägen, und brennbaren Materien geladene
Bomben waren.

Den fünften September sprengten sie einen
grossen Theil der englischen Bastei, wobei die ganze Festung wie von einem Erdbeben erschüttert wurde. Die Türken drangen schon haufenweis in die
Stadt: Aber der Großmeister kam noch zu rechter

Zeit

Zeit mit seinen Reitern zu Hilfe, die den hereinbre-
chenden Schwarm durch ihr anhaltendes Feuer wieder zurücktrieben, so daß über 1500 Türken auf
der Wallstadt blieben.

Den 9 Sept. wiederholte Mustapha Bassa
den Sturm auf die englische Bastei mit solcher
Macht, daß schon sieben Fahnen durch die Klüfte
in der Stadtmauer in die Stadt gebracht waren.
Schier wären die Christen dießmal unterlegen, wenn
nicht eben wieder der Großmeister mit einigen Rittern zu Hilfe gekommen wäre. Das Gefechte
dauerte über drei Stunden, und der Türken blieben
über 3000 ohne daß die Ritter einen sonderlichen
Schaden nahmen.

Den 22 legte sich Pirrho Bassa vor die italiänische und narbonäsische Schanze, stürmte mit
solcher Macht und Ungestümme, daß schon eine
Menge Türken auf den Mauren waren, bis der
Großmeister wieder zu Hilfe kommen keute.

Bassa Mustapha, der bei dem Kaiser schon
in ziemliche Ungnade verfallen war, weil er schon
zweimal an die englische Bastei gesetzt, und alle-
mal mit vielem Verlurst wieder ab ziehen muste, un-
terredete sich mit Achmet-Beg die Stadt noch einmal auf der englischen und spanischen Bastei zugleich anzufallen. Und wirklich hätte dem Mustapha sein Anschlag nur zu sehr gelungen, wenn nicht
der tapfere Gascognier Bretan mit seinen Reisigen
sich ins Mittel gelegt hätte. Er focht wie ein Lö-
we, und die Türken wurden an diesem Tage so
viel sich ihrer auf die Mauren befanden, in Stücke
zerhauen. Die spanische Bastei wäre ohne des
Großmeisters Beistande ebenfalls verlohren gewesen, allein er setzte mit seinen deutschen Rittern sich

so

so tapfer entgegen, daß die Türken auch diese Bastei mit ungemeinem Verluste wieder verlassen musten. Der deutsche Ritter und Commendeur zu
Hagenau Herr Christoph Walderich riß dem Ach-
med-Beg mit eigener Hand eine Fahne aus der
Hand, und stieß ihm sein Schwerdt durch die Fu-
gungen des Harnisches bis an dem Grif in den
Bauch.

Nun aber, da die Belagerung schon über vier
volle Monathe dauerte, und die Türken von Zeit
zu Zeit mit frischer Mannschaft versehen wurden,
begann den Rhodisern das Herz ziemlich schwer zu
werden. Sie hörten ohngeachtet des unaufhörlichen Schiessens bei der Nacht wider alle Gewohn-
heit der Türken in ihrem Lager ein ungewöhnliches
Getümmel, woraus sie leicht erachten konten, daß
daselbst etwas ausserordentliches vorbei gehen müs-
se. Und wirklich dem anderen Tag berichtete ein
Kundschafter aus dem Lager, daß der Cairbeg aus
Egypten mit einer auserlesenen Mannschaft zu Pferd
und zu Fuß zu den Solyman gestossen, wie auch,
daß Phraates aus Natolien mit vielen tausend
Pfeilschützen angekommen seye, und daß daher die
Türken das Aeusserste zu wagen entschlossen wären
nicht nur Rhodus einzunehmen, sondern selbes den
Soldaten preis zu geben, und in einen Steinhau-
fen zu verwandeln.

So einen schmerzhaften Eindruck diese Nachricht den Einwohnern von Rhodus immer war, so
entflammte sie doch die Herzen der Ritter und der
Soldaten mit der brennsten Begierde ihr Blut und
Leben für die Erhaltung der Insel aufzusetzen. Der
Großmeister blieb dieselbe ganze Nacht in seiner Rüstung, gieng in allen Schanzen herum, verordnete

C 3 alles

alles zum tapferſten Widerſtand, und gab durch
ſein Beiſpiel ſowohl als durch ſeinen liebreichen und
geiſtvollen Zuſpruch auch den furchtſamſten Mieth-
ſoldaten neuen Muth.

Gleich mit Anbruche des Tages fielen die Feinde mit einer unbeſchreiblichen Wuth über die Stadt
her, ſie griffen ſelbe auf fünf Baſteien zugleich an,
nemlich auf der engliſchen, ſpaniſchen, italiäniſchen,
narväſiſchen, und auvergniſchen. Bei jeder dieſer
Schanzen ſtunden bei zehen tauſend Türken, hinter
welchen zum Erſatz der erſchlagenen überall wieder
ein ſtarkes Corps de Reſerve ſtund. Allein der
Wiederſtand der Rhodiſer gieng auch über alle Mu-
ſter menſchlicher Tapferkeit. Wo die Gefahr am
größten war, drängten die Ritter am erſten ſich hin.
Alles was Hände und Fäße hatte, war an dieſem
Tage Soldat. Weiber, Kinder und greiſe thaten
was ſie thun konnten, und goſſen, wenn ſie zu weiter nichts fähig waren, aus eiſenen Löfeln, deren
man ſich zum kalfatern der Schiffe bediente, ſieden-
des Bech auf die Feinde: Ja ſogar die Franciska-
ner vergaſſen der zu befahrenden Irregularität, und
ſtachen mit Spießen manchen kühnen Janitſcharen
über die Sturmleitern hinab. Den oberſten Baſſa
der Janitſcharen, einem ſo tapfern als bei dem
Sultan beliebten Helden ward auf der ängliſchen
Baſtei, als er eben das türkiſche Panier aufſtecken
wollte, der Kopf von Rumpfe geſchlagen, welches
den Ingrimm der Türken nicht um ein geringes
mehr reitzte.

Während dieſem Gemetzel, worüber ſich ſelbſt
die Natur hätte entſetzen mögen, lief die fürchter-
liche Nachricht ein, daß die ſpaniſche Baſtei
bereits erobert, und ſchon die türkiſchen Fahnen
                                          darauf

daraufgepflanzt wären. Allein d'Aubuſſon war der
Mann nicht den eine ſchlimme Nachricht aus ſeiner Faſſung bringen konnte. Mit der Fahne des Gekreuzigten
in der einen und mit dem Schwert in der andern Hand
ſtürzte er ſich mit fünf und zwanzig Rittern mitten unter
die Feinde, ſchmiß ihre Paniere in den Graben, und
räumte mit der Behändigkeit eines Würgengels in
wenig Minuten die Baſtei von den Feinden. Er
befahl auch inzwiſchen ein paar Fähnlein Reiter auf
die Feinde, die ſich eher den Einfall des Him-
mels hätten träumen laſſen, hinausfallen zu laſſen.
Dieſer Einfall war ſo glücklich als kühn. Eine groſſe Menge der Feinde wurde, ehe ſie ſich von hinten
angegrifen zu ſein glauben wollten, niedergemacht
und die übrigen geriethen in eine ſichtbare Unord-
nung, und die Rhodiſer warfen ſich nach dieſen
glücklichen Scharmützel wieder in die Feſtung zurücke.

Solyman, der nun für Wuth erſticken wollte, ließ zum Abzug blaſen, und das erſte was er
bei ſeiner Zurückkunft in dem Lager unternahm, war,
daß er allen den, die zu dieſem Sturm gerathen
die Hälſe zuſchnüren ließ. Er verlohr bei dieſem
Angrife über die 20000 Mann, worunter viele der
höchſten Officire des Reichs waren. Es blieben auch
von Seite der Ritter nicht wenige und gegen die 150
Soldaten ohne einer Menge verwundeter, die auf
lange Zeit zu fechten unfähig waren.

Den Türken war nun allbereits die Luſt Rhodus zu erobern gänzlich vergangen, und ſchon zum
gänzlichen Abzuge entſchloſſen, als der Jude, von
dem wir ſchon oben Meldung thaten, durch Pfeile
den Türken die Nachricht zuſchoß, daß die Beſatzung ſowohl als das Proviant auf das äuſſerſte

C 4   ge-

geschmolzen, und daß sie nur fortfahren sollten die
Mauren niederzuschiessen, und die Stadt würde sich
auf Gnad oder Ungnad ergeben müssen.

Die Türken kamen diesen Rath getreulich nach,
schossen die Mauren hin und wieder nieder, und
stürzten die Stadt, die nun ihren gänzlichen Unter-
gang vollends vor Augen sah, in den äussersten
Schröcken. Man erwischte auch in dieser Zwischen-
zeit den Juden auf einer neuen Verrätherei, zoh
ihn vor Gericht, machte ihm, als er alles gestunde,
den Proceß, und trieb ihm einen 10 Schuh langen
Pfeil durch den Leib, dem Mitschuldigen Moralius
aber wurde der Strang zuerkannt.

Während nun Rhodus durch das unaufhörli-
che kanoniren in einen Zustand versetzt wurde in dem
es keinen nur halbstündigen Sturm mehr hätte aushalten können, und die Ritter und das Volk für
Kummer hätte verschmachten mögen, erscholl die
Trompette eines türkischen Sprechers vor der Stadt-
pforte. Man ließ ihn herein, und vernahm den Auf-
trag seines Herrn in dem Conferenzsale des Ordens,
welcher also lautete. Daß der Kaiser dem Großmeister und der ganzen Ritterschaft seine Gnade an-
biethen lassen wolle, in so ferne nämlich selbe die
Stadt willig aufgeben wollten. Daß er sie alle
sammt allen Christen, die in der Stadt wären frei,
und mit all ihren Gütern unbekränkt wolle abziehen
lassen. Sollten sie aber diese zum letztenmal ange-
bothene Gnade zurückweisen, so wolle er alle ge-
reizte Wuth seines Heeres über Rhodus ausgiessen.
Am Ende beschwur er im Namen seines Herrn dieses alles bei Gott und den Mahomed, und über-
reichte das schriftliche Certifikat so ihm Solyman
zu dem Ende zugestellet hatte.

Nie-

Niemand wollte zwar weniger an eine Ueber-
gabe gedenken, als der Großmeister, allein die nie-
dergestürzten Stadtmauren, die Vorstellungen der
Ritter, und die in der Stadt noch in geheim verborgene Verräther nöthigten ihn wohl lieber diese
als mit der Zeit schimpfliche, oder wohl gar keine
andere Bedingnissen, als die unbezähmte Willkur
der Sieger einzugehen. Mit Thränen in dem Auge
unterschrieb er das Gegencertifikat den 24 Decemb.
1522, nachdem der Orden diese Insel allbereits 212
Jahre innen gehabt, und nun eine so schröckliche
Belagerung sechs ganze Monat lang mit der strengsten Tapferkeit ausgestanden.

Gleich den Tag darauf als am Christtage hielten die Türken ihren Einzug zu Rhodus. Ihre
Armee war noch 30000 Mann stark. Die Christen wurden sehr gut gehalten, und Solyman ließ
sie sammt ihren Großmeister ohne allen Schimpf
und Beleidigung den ersten Januar im Jahre 1523
von Rhodus abfahren.

Die Anekdote, die Herr Cammerarius in seinen Medit. hist. cent. I. cap. 7. von einem Kundschafter erzählt. Dem Solyman wenn er durch
ihn Rhodus bekäme seine Tochter versprochen, selben aber nachmals schinden haben lassen solle, ist
von eben der Erheblichkeit, als die Prophezeihung
über den Sturz der Facade, die bei der Thronser-
hebung des Pabstes Adrian VI. herniederstürzte, und
dadurch, weil sie ein paar Schweitzer erschlagen
muste, den Fall der Rhodiser vorbedeutet haben solle.

Sech-

Sechstes Kapitel.

Die ganze weite Welt war nun offen für Helden, die sich zur Pflicht gemacht hatten der ganzen Welt wohl zu thun. Philipp von Viliers als damaliger Großmeister überlegte erst lange mit seinen Rittern, wo sie sich am füglichsten hinwenden könnten, und es war nun an dem, daß Helden, die sich dem Orient eben so furchtbar, als den Occident verbindlich gemacht hatten, nun darüber verlegen seyn sollten, an welche Küste sie landen könnten. Candia oder Creta zwo den Venetianern zugehörige Inseln wurden in Vorschlag gebracht, um dort zu überwindern. Allein auch auf dieser Reise hatten sie sehr viel Ungemach auszustehen. Es ist diese Jahrszeit die stürmischeste in diesen Gegenden, doch liefen sie endlich nach mehreren ausgestandenen sehr heftigen Stürmen in den candischen Port ein. So übel aber ihre Schiffe durch die Stürme zugerichtet waren, so hatten sie doch noch von Glücke zu sagen, daß sie dem Seeräuber Cortegul, der ihnen auf den Dienst lauerte, nicht unter die Augen kamen. Es wartete dieser Bösewicht mit einigen Kriegsschiffen in der Gegend von Creta, und dachte die armen Ueberreste, die sie von den Türken gerettet, ihnen noch vollends abzunehmen, doch die Winde, oder vielmehr die ewige Fürsicht rettete die frommen und meistens verwundeten Ritter von dieser neuen Verrätherei.

Der Großmeister blieb also mit seinen Rittern bis auf Mitte der Fasten in Candien, ließ seine beschädigten Schiffe ausbessern, und fuhr alsdann nach

Fa=

Falenza und Corfu, wo sie überall mit der höchsten Ehrerbiethung und Liebe aufgenommen wurden,
weil es allenthalben bekannt war, welche schwere
Trangsale sie um des christlichen Namens willen
erdultet, und mit welcher Tapferkeit sie die Ehre
Gottes verfochten hatten.

Sie kamen mit Anfange des Mai nach Messina in Sicilien, und von da nach Rom, wo sie
Pabst Hadrian nicht nur auf das liebreicheste aufnahm, und tröstete, sondern ihnen auch alsogleich die Stadt Viterbo zur Residenz einräumte.
Als aber hernach die Stadt und Festung Nzza den
Orden wegen der guten Gelegenheit der Türken und
Mohren mehr Abbruch thun zu können, weit be-
quemer schien, verlangten sie selbe von ihren Eigenthümer den Herzoge von Savoijen zur einstweili-
gen Residenz, die ihnen auch von dem Herrn Herzoge mit Vergnügen eingeräumt wurde. Da aber
hernach Solyman Buda (Ofen) die Hauptstadt in
Ungarn einnahm, und mit seiner mächtigen Armada das Königreich Sicilien und Neapel anzufallen
Mine machte, veränderten sie abermal ihren Sitz,
und begaben sich auf Anrathen Carls des V in die
herrliche Stadt Syracus in Sicilien, wo sie eine
Zeitlang sammt ihrem Großmeister verblieben, und
den Seeräubern eben so viel Ungemach anthaten,
als sie den Christen wieder die Anfälle, und Streifereien, derselben Schutz und Hilfe gewährten.

Als nun endlich Carl der V die ungemeinen
Thaten diese Ritter ihre Mildthätigkeit und Großmuth gegen die Christen ihre Verdienste um die
Religion, und ihre so manigfaltige wieder die Türken erfochtene Siege erwog, schenkte er selber aus
freien Willen und für allzeit die Insel Malta, als
die

die allerbequemſte auf dem ganz mittelländiſchen
Meere den Streifereien und Anfällen der Türken
und Barbaren zu ſteuern. Er machte den Großmeiſter zum Fürſten von Malta und Gozzo und zwar
mit dieſen Bedingniſſen 1) daß ſie die gegenüber
in Afrika gelegene Stadt Tripolis wieder die Moren, Türken, und Araber beſchützen und 2) die
Könige von Spanien und Sicilien als ihre Schutz-
herren erkennen, und ſelben jährlich einem Falken
zur Dankbarkeit verehren ſollten.

Ehe wir aber hier weiter gehn, und von dem
Wachsthume und Schickſalen dieſes hohen Ordens
in Malta ſprechen, wollen wir erſt die Ordnung
der Herren Großmeiſter wie ſie von ihrer Entſtehung
zu Jeruſalem an, bis auf ihre Beſitznehmung von
Malta, aufeinander gefolgt durchgehn, und
dabei in aller kürze von ihren werkwürdigen Thaten, und fürtreflichen Geſetzen etwas weniges melden, da es ohnehin um alle ihre für das Wohl der
Kirche und des Staats ſo heilſame Geſetze, wie
ſie in Rom aufbewahret ſind, hir anzuführen, ein
eigenes ſehr groſſes Werk erforderte.

Siebentes Kapitel.

Der erſte Großmeiſter Gerhard, war im Anfange nichts weiter als der Vorſteher und Oeko-
nom des Johannesſpitals, da er aber den chriſtlichen Fürſten mit ſeinen Ordensbrüdern bei der Einnahme der Stadt Jeruſalem ſo vortrefliche Dienſte
that,

that, warde er erst mit einigen Gütern vom Könige Gottfried begabt. Er war ein Florentiner von bürgerlicher Abkunft, und starb im Jahre 1103.

II. Sein Nachfolger war Reimund von Podio (andere schreiben auch Poggio) ein edler Florentiner, nannte sich, wie man im Eingange seiner Ordensregel findet, nur einen Diener und Hüter des Spitals zu Jerusalem. - Er leistete den beeden Balduinen in Eroberung vieler Städte gute Dienste, erweiterte mit deren Geschenken das Spital um ein namhaftes, und schrieb die erste Ordensregel, worunter (unter den politischen) sonderbar diese ganz vortreflich, daß der Orden unter keinem Vorwand bei Zwistigkeiten christlicher Potentaten für oder wieder sich gebrauchen lassen könne.

III. Augerius von Balben und

IV. Arnold von Comps machten sich darum berühmt, daß sie zu Hause den Christen und Armen viel Gutes, und den Saracenern bei den Zeiten des Fulco und Balduins III. desto mehr böses thaten.

V. Der fünfte Großmeister war Gilbert von Askal, ein tapferer, großmüthiger und gastfreier Mann. Er wird von den Geschichtschreibern sehr getadelt, daß er den König Amalrich zu einen Friedensbruch mit dem Sultan in Egypten beredete, welcher Krieg für den König sowohl als für den Orden sehr üble Folgen hatte; allein würden sie ihn auch wohl getadelt haben wenn der Feldzug glücklich abgelaufen wäre? — gewis nicht. Er muste sein Amt niederlegen, weil er das so reiche Spital durch diesen Krieg in eine Schuldenlast von mehr als 100000 fl. stürzte. Ihm folgte

VI.

VI. Gastus (auch Costus) und diesem

VII. Jobertus. Von beeden geben die Geschichtschreiber nur die Namen an.

VIII. Rogerius von Moluis ward eben so sehr Held als Statsmann, er wurde 1176 erwählt, war mit dabei als Balduin der IV den Sultan schlug, und hielt mit seinen Rittern das wegen den gegenseitigen Helden der christlichen Potentaten zu sinken beginnende hierosolemitanische Reich noch aufrecht. Er durchreißte mit dem Patriarchen von Jerusalem Italien, Frankreich, Aengelland und Deutschland, um Hilfe, die man so einem Manne auch nicht versagen konte. Er lieferte mit dieser Hilfe aus Europa dem Sultan vor Ptolemais ein Haupttreffen, wobei mehr als 15000 Türken auf dem Schlachtfeld blieben. Wurde aber endlich dabei selbst von einem Mamelucken, der auf des Sultans Seite war, dem Grafen Reimund von Tripolis erschlagen im Jahre 1181. den 1 Mai.

IX. Garnier von Neapels aus Sirien hatte das Unglück unter seiner Regierung bei der Einnahme Jerusalems von den Sarazenern mit seinen Rittern die Stadt räumen zu müssen, nach dem sie 80 Jahre unter christlicher Bothmässigkeit gestanden.

X. Hermengard Daps traf ebenfalls keine glücklichere Zeiten. Er und die Ritter musten sich mit der einzigen Stadt Ptolemais behelfen, und alle ihre Einkünften aus Sirien waren aufgehoben. Hermengard bewafnete also einige Schiffe um sich an dem Barbaren zu regressieren: Und wirklich die Ritter entschädigten sich an den Ungläubigen nicht übel.

XI.

XI. Gottfried von Duyſſon war ein frommer und tapferer Mann, ſchade, daß er nur 2 Jahre regierte. Auf ihn folgte,

XII. Alfonſo von Portugal war aus königlichem Stamme; er übernahm ſich auch ſeiner Geburt ſo ſehr, daß er das Ordenskreuz ablegte, und, um ſeinen väterlichen Thron zu behaupten nach Portugal gieng. Allein ſein Bruder verſchrie ihn als einen abtrünnigen Ritter, der dem Reiche gar keine, oder doch nur unrechtmäſſige Kinder geben könnte, und ließ ihm um des Haderns ein Ende zu machen, Gift geben.

XIII. Der dreyzehende Großmeiſter war Gottfried de le Rat.

XIV. Quarin von Montagut (de monte acuto) unter dieſes in allem Betrachte ſehr vortreflichen Mannes Regierung ward dem Orden die Feſtung Cäſarea (Caſtrum peregrinorum) von Joanne Brennenſi der den Titel eines Königes von Jeruſalem führte, eingegeben im Jahre 1216. Er überfiel nachher aus dieſer Feſtung mit ſeinen Rittern die Stadt Damiata und eroberte ſie.

XV. Bertrand de Texi (aliis Gerinus)

XVI. Bertrandus de Comps.

XVII. Peter de Villebride.

XVIII. Wilhelm de Caſtel nuovo (Neufchatel).

XIX. Hugo Revel ein ſehr gelehrter Mann, Der die Geſetze des Ordens auf die Zeiten und Umſtände, in denen er lebte anpaſſend machte. Die Geſetze die er machte, werden noch heut zu Tage beibehalten. Er verordnete unter anderen, daß, ob-

obſchon das Geſetz keine auſſer der Ehe geborne in den Orden aufzunehmen, aufrecht verbleiben ſoll- te, ſo wären doch hierinnfalls keineswegs die aus gräflichen Stande mit darunter zu verſtehen, wenn es zum Nutzen des Ordens gedeihen ſollte. Er ſtarb 1277.

XX Nikolaus Lorque war der Nachfolger ſei- ner Würde.

XXI. Johann von Villers, wovon einige die Giltigkeit ſeiner Wahl anſtreiten, allein es mag ſeine Wahl giltig oder ungiltig geweſen ſeyn, wenn ſie nur glücklicher geweſen wäre. Unter ſeinem Großmeiſteramte gieng Ptolemais verlohren, und die Johanniter muſten ſich in die Inſel Cypern flüchten im Jahre 1287.

XXII. Oddo du Pin (Oddo de pinibus) ward im Jahr 1291 erwählt. Papſt Bonifaz der ach- te war ihm ſehr aufſeſſig und ohne allem Grun- de. Dieſer gab vor als hielt jener zu wenig über die alten Regeln des Ordens, daher verlegte Od- do ein Generalkapitel nach Limiſe in Cypern, wo er nicht nur auf das ſolideſte ſich rechtfertigte, als ſeine Unſchuld eben ſo klar als die Bißigkeit des Papſtes aller Welt vor Augen legte.

XXIII. Wilhelm von Villaret ward 1296 ab- weſend erwählt, und Blieb noch vier ganze Jahre nach ſeiner Erhebung in Frankreich, bis er ſich endlich auf den Befehl des Ordens und des Pap- ſtes nach Cypern begab.

XXIV. Fulco von Villaret ein eben ſo tapferer als glücklicher Held, der im Jahr 1308 die Inſel Rhodus eroberte. Einige Geſchichtſchreiber ſpre- chen ſehr übel von dieſem Fulco, und ſagen er ſeye

von

von dem Orden wegen zerschiedenen Vergehungen abgesetzt, und diese Absetzung zu Avignon von dem Papste bestättiget worden; allein wie falsch dieser Bericht seie, erhellet sowohl aus den Ordensbü= chern, die sehr rühmlich von ihm sprechen, als aus einer uralten Tappete worauf unter seinem Por= traite folgende Schrift steht:

MAGISTER DE PROVINCIA
I^{mus} Rhodiorum Expugnator.

Frat. Floquetus de Villareto, vir præstans, pius, magnanimus. Iic relicta Cypro Rho- dum ingressus est, & urbem Insulamque, ac non nullas alias adjacentes insulas cum sua Classe in deditionem accepit anno Domini 1308.

XXV. Helionus, oder Arlianus von Villa= nova, den Papst Johannes der XXI. zu Avignon selbst zum Großmeister erwählte. Jene Geschicht= schreiber, die es mit der Absetzungsgeschichte des Falco halten, schalten hier vor dem Helionus einen gewissen Mauritius de Pagna ein. Dieser Helio= nus war ein sonderbarer guter Wirthschafter, be= zahlte alle Schulden, die den Orden bedrückten, und befestigte die Stadt.

XXVI. Deodatus von Casano aus der Pro= vence genannt der Schlangentödter, weil er, ehe er zu dieser Würde kam, eine ungeheure Schlange er= legte, die dem Landvolke sowohl als den Feldfrüch= ten, und Weinbergen grossen Schaden zufügte. Er war ein sehr lobenswürdiger Regent, und starb 1353.

D   XXVII.

XXVII. Peter Cornelian genannt der strenge, weil er sehr eifrig auf die Statuten des Ordens hielt, regierte nur zwei und zwanzig Monathe, und starb 1354.

XXVIII. Rogerius de Pinibus genannt der Almosengeber ein frommer und gutthätiger Mann, der den ersten Grundsatz der Johanniter, den dürftigen beizuspringen nicht vergaß, sondern bei einer grossen Pest und Hungersnoth zu Rhodus alle Kleinodien des Ordens verkaufte und versetzte, und mit dem Gelde unzählige Menschen rettete, die ausser dieser Hilfe hätten verschmachten müssen.

XXIX. Reimund Berengarius ebenfalls aus der Provence, ward in seiner Abwesenheit erwählt, und zoh ein Generalkapitel nach Avignon den damaligen Sitz der Päbste, ein sehr beliebter und vortreflicher Regent.

XXX. Robert von Juliac aus Fränkreich ein Mann eines stillen und sanften Geistes, der aber nur ein Jahr dem Orden vorstunde. Starb 1375.

XXXI. Ferdinand von Heredia, der bei dem Papste alles vermochte. Er wurde ebenfalls in Frankreich erwählt, säumte sich auch nicht nach Rhodus sich einzuschiffen. Er war ein geschworner Feind der Türken, denen er schon auf dem Wege nach Rhodus die Stadt Ambracia in Morea wegnahm, und Patras belagerte, wo er aber von den Griechen an die Türken verrathen wurde. Er muste drei ganze Jahre in der Gefangenschaft harren bis er endlich 1378 um eine grosse Summe Geldes losgelassen wurde. Er regierte bei seiner Erledigung den Orden mit Weisheit, und erbaute hin durch seine Tugenden. Starb 1382.

Nun

Nun blieb der Orden sieben Jahre lang, nämlich bis auf das Conzilium zu Kostinz ohne Großmeister, sondern wurde durch sieben ausgewählte Ritter regiert. Die Ursache war so fein als nützlich: Da nämlich in der Kirche unter den Kardinälen eine grosse Trennung obwaltete, und einige Urban VI, andere Clement VII wählten, glaubten die Ritter, daß es sich leicht fügen könte, daß sich einer dieser beeden Prätendenten an den Orden kleten, und also den Geist der Zwietracht auch unter den Rittern anflammen könte. Erst im Jahre 1389 erwählten sie

XXXII. Philibert von Milliae aus Frankreich, welcher hernach dem Orden viele Jahre mit dem höchsten Beifall vorstund. Es war um diese Zeit unter den Johannitern ein sehr tapferer und großmüthiger Mann deutschen Stammes Namens Heinrich Schlegelholz. Dieser erbaute mit Bewilligung des Großmeisters auf seine Kosten aus der alten verfallenen Stadt Hallicarnaßus, und dem berühmten Grabnale des König Mausolus die so vortrefliche Festung Petersburg, Castello di St. Pietro, welche nachmal dem Orden gar wohl zu statten kam, daher es auch statuirt wurde, daß allzeit der Großballei aus Deutschland Gubernator darüber seyn sollte. Dieses wurde auch gehalten, bis endlich der Erbfeind christlichen Namens dieselbe samt der Insel Rhodus im Jahre 1415 den Christen abgedrungen.

XXXIII. Anton Fluvianus aus Arachon war schon sehr alt als er zur Regierung kam, ein sparsamer, nüchterner aufrichtiger Mann. Er hinterließ einen grossen Schatz, den er durch seine Würth-

schaft

schaft ersparte, ob er schon die Festung mit starken Mauren und Thürmen versah.

XXXIV. Johann von Lastic wurde erwählt im Jahr 1440. Unter dieses Großmeisters Regierung ward Rhodus von dem egyptischen Sultan Uzago fünf ganze Jahre hintereinander belagert, dem aber von dem Großmeister und seinen Rittern solcher Widerstand gethan wurde, daß er mit Schaden und Schimpf wieder abziehen muste. Der Großmeister ließ nach dem Abzuge der Barbaren, die Stadt wieder, wo sie beschädigt worden, verbesseren, und verschönern. Er war einer der besten Regenten von Rhodus. Er starb im 14 Jahre seines Guberniums.

XXXV. Jobert Jakob de Milii war sein Nachfolger. Ein Mann der ohngeachtet seines so redlichen Beistandes es doch nicht verhindern konte, daß nicht Mahomed der 2te die Stadt Constantinopel eroberte. That aber doch auf viele andere Weg und Weise den Türken starken Abbruch, und starb 1461.

XXXVI. Peter Reimund Acosta. Dieser erbaute, wie wir schon oben gehört hatten am Port zu Rhodus den Thurm die St. Nikolausburg genannt, der den Türken so sehr im Wege stund. Er war ein wackerer fürsichtiger, aber auch jähzorniger Mann, verfiel auch mit seiner Ritterschaft in Uneinigkeiten. Die Ritter appellirten an Papst Paulus II, von dem er nach Rom citirt, und ein allgemeines Kapitel auszuschreiben angehalten wurde, während welchem er auch starb 1467.

XXXVII. Der Nachfolger dieses Acosta war Baptista Ursinus nur allein von Paul dem II. erwählt, ein freigebiger, und in seinem Stat prächtiger

tiger Herr. Er kamm erst das Jahr nach seiner
Wahl nach Rhodus. Während seiner Regierung
trug sich weiter nichts merkwürdiges zu. Starb
1476.

XXXVIII. Noch in selbigem Jahre ward erwählt Petrus d'Aubusson, welch ein würdiger, an-
gebetheter Mann dieser Großmeister war, sahen wir
oben in der Geschichte der ersten Belagerung von
Rhodus, wo wir die Gelegenheit hatten seine Thaten
aus einem nähern Gesichtspunkt zu betrachten. Pabst
Innocens der XII. creirte ihn in Rücksicht seiner
Verdienste und seines so ganz untadelhaften Lebens
zum Cardinal- Diakon und apostolischen Gesandten
in Asien. Man nannte ihn Miles Virgo den un-
befleckten Krieger. Er starb zu jedes braven Soldaten Leidwesen im Jahr 1496.

XXXIX. Nach ihm kam Emmerich d'Ambois
als ein 70jähriger Greis zum Großmeisteramte.
Sein Herz war demüthig, gutthätig, und heiter.
Er that den Armen viel gutes. Er lebte sehr spar-
sam nicht aus Geitz, sondern weil ihm seine Philo-
sophie wenige Bedürfnisse gestattete. Er starb 1512.

XL. Guido von Blanchefort aus Auvergne
ward abwesend und in einem schon sehr hohen Alter
erwählt. Da er nun seine Reise nach Rhodus bei
der ungestümsten Jahrszeit vornahm, starb er auf
dem Schife nahe bei der Insel Zante im Jahre
1513.

XLI. Fabritius von Correto aus dem uralten
und edlen Geschlechte der Markgrafen von Final.
Er verwaltete den Orden sieben Jahre mit den rühmlichsten Eifer. Doch so untadelhaft sein Wandel
war, so streute doch der Geist der Zwietracht seinen

Saa-

Saamen in die Herzen der Ritter aller Zungen:
So zwar, daß schon in den ersten drei Jahren drei
allgemeine Ordensversammlungen ausgeschrieben werden mußten. Endlich glückte es ihm den erwünsch-
ten Frieden unter seinen Brüdern wieder herzustellen.
Kaum war dieses Geschäft zu Stande gebracht,
so rüstete er Rhodus so gut er konnte zu einem be-
vorstehenden Krieg. Denn so, wie er ein weiser,
und weitsehender Mann war, konnte er sich wohl
Rechnung machen, daß sich eben Rhodus keines so
langen Friedens mehr zu erfreuen haben dürfte. Alle
seine Unternehmungen giengen dahin aus, wie man
sich auf eine recht langwürige Belagerung gefaßt
machen sollte, wiewohl dieses bei seinen Lebzeiten
nicht mehr geschah, da er schon im Jahre 1520 mit
Tod abgieng. Er bekam doch in dem Archiv des
Ordens noch dieses Lob: Fr. Fabricius de Correto ab Italia vir summæ probitatis & diligen-
tiæ.

XLII. Philipp von Villers de l'Isle Adam
war der letzte Großmeister der Rhodiserherren. Seine
Arbeiten, Thaten, und Treue sind ebenfalls in dem
vorhergehenden Kapitel nach dem Verhältniß dieses
Raums angerühmt worden. Er starb zu Malta
im Jahre 1534 im 75 Jahre seines Alters, nach
dem er 49 Jahre in Orden, und 13 Jahre 6 Monate und 8 Tage dem Großmeisteramte desselben
mit dem höchsten Ruhme vorgestanden war.

Ach-

Achtes Kapitel.

Da wir nun aber eben von der Reihe der Hr. Hr. Großmeister handelten, so wird es uns, wenigst uns, die wir noch ein bischen was dabei empfinden, wenn von Deutschland, oder von Deutschen die Rede ist, nicht ganz gleichgiltig sein, wenn wir wenigst den Namen nach mit jenen Männern bekannt sind, die im Auslande aus ihren Thaten bekannt sind: von den Großprioren nämlich, die allemal Deutsche sein müssen, und, solang Rhodus noch stund, jederzeit Commendanten der Festung Petersburg in Asien waren. Man nennt sie auch Maltäserherren Meister, und sind unmittelbare Reichsstände.

I. Der erste Großprior des Johanniter Ordens in Deutschland war Herr Heinrich Graf von Dokenburg. Ward erwählt im Jahre 1251. verwaltete sein Amt vortreflich wie ein Deutscher, und starb als ein Held 1572.

II. An dessen Stelle kam Hr. Graf Heinrich von Fürstenberg, ein biederer unerschrockener Mann, der selbst dem Kaiser Rudolphen von Habsburg wacker zusetzte, als dieser seinen Freund den Bischof von Basel bekriegte. Regierte 17 Jahre zur Zierde des Ordens.

III. Johann Freiherr von Lupfen ward erwählet 1289, starb 1294.

IV. Gottfried von Klingenfels, regierte nur 3 Jahre.

V. Heltwig von Randersack, that bei der Einnahme von Rhodus Wunder seiner Tapferkeit, starb 1321.

IV.

VI. Albrecht Graf von Schwarzenburg, starb 1327.

VII. Berchtoln Graf zu Henneberg, Commenthur zu Schleußingen und Kundorf, welche Schlösser er auch als Commenderien gestiftet hatte. Sein Bruder war Berchtold der Aeltere, der im Jahre 1310 seiner erhabenen Verdienste wegen vor Kaiser Heinrich den VII in den Reichsfürstenstand erhoben ward, und eine Landgräfinn aus Hessen Adelheid zur Gemahlinn hatte. Der Großprior starb 1330 den 23 Jänner, ward begraben bei den Johannitern zu Würzburg.

VIII. Rudolph von Maßmünster, erwählt im Jahre 1331.

IX. Herdegen von Rechberg, lebte bis 1353.

X. Eberhard von Rosenberg, starb im Jahre 1368.

XI. Conrad von Brunsberg, starb 1384.

XII. Friederich Graf von Zollern, ein getreuer Beiständer des Kaisers Sigismundus, der 1396 gegen den Sultan Bajazeth bei Nikopolis deswegen eine Schlacht verlohr, weil die Franzosen unter ihrem Generalen Johann dem Herzoge von Burgund noch einige Präcedenzstreitigkeiten abzuthun hatten, ob sie nämlich auf dem rechten oder linken Flügel stehen sollten, als der Sultan mit 250000 Mann schon angegriffen hatte. Die ganze Schlachtordnung ward verwirrt, und die Franzosen hatten die Ehre auf der rechten Seiten geschlagen zu werden.

XIII. Amandus zu Rain, erwählt 1408 schickte viele seiner Ritter nach Ungarn dem Könige Uladis-

laus

laus und Johann Humad wieder die Türken bei=
zustehen.

XIV. Graf Hugo von Montfort und Bregenz,
erschien auf dem Kirchenrath zu Kostnitz. Im Jahre
1374 ward Rhodus von Uzago dem egyptischen Sul=
tan belagert, dieser würdige Prior schickte bei dieser
Belagerung als ein sehr reicher Herr den Rhodisern
viele Ritter und andere Mannschaft zu Hilfe, weil
ihn die Gicht selbst zu kommen hinderte.

XV. Johann Lessel, dieser bracht aus Deutsch=
land eine grosse Anzahl Ritter und Soldaten nach
Rhodus, als Mahomed selbes zum erstenmal frucht=
los belagerte. Er starb 1459.

XVI. Johann Schlegelholz, der, wie wir
oben hörten, die Festung Petersburg auf den Rui=
nen des alten Halicarnassus erbaute.

XVII. Reichard von Bulach. Starb 1468.

XVIII. Johann von Au, von dem ebenfalls
schon oben die Rede war. Starb 1482.

XIX. Rudolf Graf von Werdenberg. Starb
1486.

XX. Johann Herkenzer. Starb 1500.

XXI. Johann von Hatstein, ein in allem Be=
tracht ausserordentlicher Mann. Bei seinem Lebzei=
ten gieng Rhodus verlohren, und Malta kam an
den Orden. Er war seiner Tapferkeit, Tugend=
und Mäßigkeit wegen in dem höchsten Ansehn:
Er ward nach dem Todte Maximilians des ersten
als Kammergerichtspräsident erbethen, weil man
damals keinen gelehrteren Mann im Reiche kann=
te, als Hansen von Hatstein. Der Orden wollte
ihn zum Großmeister haben; allein er entschuldigte
sich damit, daß er zum Raufen wenig mehr nütze
wäre

wäre. Er war damals 104 Jahr alt, 43 Jahr Großprior und 76 Jahre Ritter. Starb 1544.

XXII. Georg Schilling ein Wirtenberger, ein vortreflicher General. Er führte die Armada unter Carl V bei Tunis, und eroberte selbes 1536. Er errette diesem Kaiser bei einem Sturme durch seine Fürsichtigkeit die halbe Flotte, und that überhaupts dem Reiche und dem Kaiser sehr wesentliche Dienste Der Kaiser machte ihn darauf zum Guverneur von Tripolis. Er war der lateinischen türkischen und arabischeu Sprache vollkommen mächtig, und bekamm beinahe von allen Königen von Afrika Briefe, in denen sie sich in die Gunst dieses Helden anempfohlen. Carl bezeugte auch wie sehr er die Verdienste dieses Mannes schätzte, da er ihn, und alle nachkommende Großprieren in Deutschland in den Reichsfürstenstand erhob. Starb 1553.

XXIII. Georg von Hohenheim , genannt Bombaß. Er ward von Jugend auf an des Kaiser Maximilian des I. Hofe erzohen. Seinen ersten Feldzug that er unter dem Herzoge Carl von Geldern. Nachher diente er unter dem Könige Franz I. in Wälschland und in den Niederlanden. Als er nach Malta kam, baute er die Festung St. Elmo vom Grunde auf, und ward endlich, wie wir hörten, Ordensmeister.

XXIV. Adam von Schwalbach. Starb 1573.

XXV. Philipp Flach von Schwarzenburg. Er stritt 33 Jahr lang ritterlich gegen den Erbfeind. Er wurde einmal bei Sicilien gefangen, und nach 6 Monaten gegen eine grosse Summe Geldes wieder entlassen, und wurde darauf Guber-

bernator von Tripolis. Er begab sich darauf wie=
der in Deutschland, und residirte zu Heitterfen,
wie seine Vorfahrer, wo er auch in einem sehr ho=
hen Alter verschied. Sein Nachfolger war

XXVI. Philipp Riedesel zu Camberg zuvor
Ballei deutscher Nation, Prior in Ungarn, Re=
ceptor in Oberdeutschland und Commenthur zu Er=
lingen und Frankfurt, ein tapfrer und gelehrter
Mann.

Die nachfolgende Herren Großprioren, deren
Namen und Verdienste nicht mehr in dem Dunk=
len des Alterthums versteckt sind, finden sich in den
meisten Ordenskallendern. Es würde eine sehr un=
nütze Arbeit sein, wenn wir hir erst eine geographi=
sche Beschreibung von Malta herab haranquiren
wollten, die man doch in allen Reisebeschreibungen
im Ueberflusse findet. Wir wollen uns nur über
solche Beschreibungen ein wenig ausbreiten, die
im Verfolge der Geschichte unmittelbar ihr eigenes
Interesse haben.

Malta ist eine an Honig, Wolle, Trauben, und
Oel sehr gesegnete Insel. Die Hitze ist sehr groß,
des Wassers wenig, die Winde ungestümm, das Volk
ziemlich brauner Farbe, und starker Komplexion, und
das Holz kostbar. Die Leute gebrauchen sich, ob sie
schon Christen sind der mauritanischen Sprache.
Malta sowohl, als die daneben liegende Insel
Gozzo dultet keine Schlangen oder Vippern. Die Ur=
sache davon ist auch sehr natürlich, da in diesen
Gegenden die schon dem Plinius bekante Glosso=
petra (Naternzungen, eine Art von Mittelmetale)
wächst. Doch wie gesagt das mag der naturfor=
schende Reisende untersuchen.

Gozzo

Gozzo eine deutsche Meil gegen Westen von den Alten Gaulus genannt. Sie liegt sehr hoch, ist sehr wasserreich, und fruchtbar an Getreide, hat ein Städtchen eben dieses Namens, und Leidet aus der oben angeführten Ursache ebenfalls keine Schlangen, obschon St. Paul hier gewis nicht gelandet hat. Des Herrn Großmeisters Eminenz sind zu ewigen Zeiten Fürst zu Malta und Gozzo Großmeister des heil. Hospitals zu St. Johann von Jerusalem, Beschützer der Armen Jesu Christi ꝛc.

Malta ist die unüberwindlichste Festung des ganzen mittelländischen Meeres. Die Hauptstadt die erst seit 1565 auf eben dem Platze, wo die Türken damals ihr Hauptlager hatten, erbauet worden, heist Valleta, die Residenz des Großmeisters, wo auch die infermaria oder das Spital, dessen Pracht alle Spitäler der Welt übertrift, nach dem Berufe der ersten Einsetzung dieses hohen Ordens erbauet worden. Die Festungen dieser Stadt sind folgende: 1. Auf dem äussersten Spitzen des Isthmus, worauf Valeta gebaut und Sicilien zu liegt, steht das berühmte Castell St. Elmo welches in der türkischen Belagerung, von der wir bald etwas mehreres hören werden, zerstöret worden. Aus dieser Festung kann man die Ein- und Ausfahrt der Insel verwehren. Gegen der Stadt Valleta ostwerts hinüber steht das bisher noch unbezwingliche Castell St. Angelo, ringsherum mit dem Meer umgeben, dem der Feind noch nie einen Abbruch thun konte. Seitwerts unter dem Flecken Borgo steht die Festung St. Michael, so, daß sie beinahe einen Büchsenschuß weit von einander entfernet sind. Dieser Canal zwischen Borgo und

St. Mi-

St. Michael kann mit einer eisernen Kette gesperrt
werden. Diese drei sind die Hauptfestungen von
Valleta.

Der Orden, der nun nicht nur von seinem
Gelübde, sondern auch von einer billigen Rache,
und von dem eigenen dazu erhaltenen Auftrage des
Kaisers angeflammt war, den Türken allen möglichen Widerstand und Abbruch zu thun, vergaß
nicht was er an Rhodus verlohren, und Perinus
von Ponte der zweite Großmeister in Malta rüstete eine vortrefliche Flotte aus, um, wo nicht diesen Verlust wieder zu ersetzen, doch selben wenigst
nachdrücklich genug zu rächen.

Es gab keinen Krieg in der Christenheit mit
den Türken weder zu Lande noch zu Wasser, wo
nicht der erlauchte Orden das Beste dabei that.
Sie halfen dem Andreas Dorea die Städte Mo-
don, Coron, und Patras in Griechenlande, und Kaiser Carl dem V Tunis und Guleta in Afrika erobern, wozu ihnen ihr nahgelegenes Tripolis herrliche Dienste that. Sie waren bei allen Schlach-
ten in Ungarn wider die Türken dabey, und ihre
Verdienste um den Aufnahm und die Vertheidigung
der christlichen Sache waren so groß, und unzahl-
bar, als die Mühseligkeiten und Trangsalen, denen sie sich um derselben willen unterzohen.

Soliman, dem es zwar glückte diese seine so
mächtige Feinde aus Rhodus zu vertreiben, keines
Wegs aber sich deswegen von ihren fernern Angri-
fen zu sicheren, ward über den grossen Schaden,
den ihm die Ritter von Tag zu Tag verursachten
so sehr erbittert, daß er sichs vornahm den Orden
und seinen ganzen Namen auszurotten. Er gab daher dem berufenen Seeräuber Dragut einen ansehnlichen

lichen Beistand, mit welchem selber im Jahre 1550.
die Stadt Afrika im Königreiche Tunis gelegen,
ehemals Aphrodisium, von den Moren Mahadia
genannt, belagerte, und mit Verrätherei selbe eroberte. Allein die Malteser unterstützt vom Kaiser
Carl legten sich alsogleich mit einigen Schifen vor
diese Stadt, stürmmten und beschossen sie dergestalt,
daß sie selbe gleich den 10 September noch selbigen
Jahres wieder eroberten, viele Schätze einbekamen,
alle Einwohner zu Sklaven machten, und die Stadt
gänzlich schleiften.

Dragut so beschämt als ergrimmt floh eiligst
nach Constantinopel, wo er dem Kaiser seine neuerdings empfangene Schlappe sehr wehemüthig vor-
stellte. Dieser versah ihn also mit einer vortreflich
ausgerüsteten Flotte, und schickte ihn wieder nach
Afrika sich an ihren gemeinschaftlichen Feinden mit
Nachdruck zu rächen.

Dragut schifte gerade nach Malta, um es mit
Gewalt, oder wie sichs demnach thun ließ, zu er-
oberen, und an den Rittern seine Rache zu begnügen. Er lag mit 150 Segeln vor der Festung, und
beschoß selbe acht Tage hintereinander ohne Aufhö-
ren; allein er erreichte weniger als nichts, die Ritter
feuerten mit ihren schweren Canonen so nachdrücklich auf seine Galeren, daß er damit nicht eilig genug entrinnen konnte. Im übrigen aber raubte und
verbrannte er was er auf der Insel nur antraf, um
ein Merkmal seines Daseins zu hinterlassen. Doch
Guimerano ein Spanier und Hauptmann über die
Ordensgaleren eilte mit einer guten Anzahl Freiwil-
liger nach, verlegte sich an einen bequemen Hinter-
halt und erschlug noch ebenfalls zum Andenken ein
paar tausend Türken.

Dra-

Dragut verſchmerzte dieſen Verluſt nur mit
den Troſt ſich mit der Inſel Gozzo ſchladlos zu
halten. Und wirklich es gelang ihm durch Verrätherei das Caſtell zu erobern. Er verherte die
ganze Inſel, und führte alle Einwohner Männer, Weiber, und Kinder mit ihm in die Dienſt-
barkeit, in allen 6300. Seelen. Dieſes geſchah
1551 unter dem Großmeiſteramte des Johannes
Homedes.

Solyman ließ ſich auf all das nichts weniger
in den Sinn kommen, als ſein Vorhaben Malta
zu vernichten, gänzlich aufzugeben. Er ſchickte einen
75jährigen Vizir Muſtapha mit einer Armee von
31500 Mann, den Bialü Baſſa mit 131 Schifen,
und den Dragut mit ſeiner eigenen Armada. Dieſe Flotte ſtach den 29. März 1565. in die See, und
lief den 18. Mai zu Malta in dem Port Marza
Siroco ein, wurde aber von dem Winde genöthigt
ein, ſich am Ende der Inſel Meggiara zu lageren.

Johann de la Valleta ſonſt Pariſot genannt
war damals Großmeiſter, ein beherzter und erfahrner Ritter, der durch ſeine Kundſchafter dieſes Ueber-
falls ſchon lange berichtet war, und ſich den ganzen vorhergehenden Winter hindurch auf den Empfang ſolcher Gäſte gefaſt gemacht hatte. Es war
auch die ganze Ritterſchaft und die Beſatzung des
Kampfes höchſtens begierig. Es waren ihrer auf
der chriſtlichen Seite gegen die 9000 Mann beiſamen
denn der Ritter waren ihrer 500, der währhaften
Einwohner von Malta 6000. auf des Ordens Galeren lagen 1000, in der Feſtung St. Angelo lagen
500. und Pabſt Paul IV. und König Philipp II.
von Spanien hatten dem Orden ebenfalls eine an-

ſehn-

sehnliche Hilfe zugeschickt. Von allen diesen verlegte der Großmeister 800 Fußgänger und 300 Rei-
fige in die alte Stadt Malta.

Den 19. Mai stieg der Oberst Bialii Bassa
mit einem mächtigen Haufen aus Land; allein sie
wurden von den unsrigen so übel empfangen daß
sie sich gerne wieder zurückzohen.

Den 20. kam das ganze Kriegsheer wieder
nach Marza Siroco, wo sie in aller Eille anfiengen
ihr Volk an das Land zu setzen, wobei es aber eben
wieder einen sehr blutigen Scharmützel mit den unsrigen absetzte, und die Türken sonderbar diejenigen,
so die ersten aus den Schifen stiegen, sehr übel zugerichtet wurden.

Den 21. kam Mustapha mit 7000 Mann vor
Borgo und St. Michael um den Ort zu besichtigen.
Als sie nun bis an den Plaz kamen, fielen die Ritter aus den Festungen über sie her, so daß die Feinde viele Soldaten, einige ansehnliche Officire und
durch die Tapferkeit eines gewissen Ritters Curten-
nius Prada eine Standarte verlohren, welche nachher in der Kirche zu St. Lorenz aufgehangen worden.
Noch an diesem Tage schlugen sie des süssen Wassers wegen ihr Lager zu Marsa, beiläufig eine Stunde von der Festung, und hielten dort gleich Rath,
ob sie St. Elmo, oder Borgo am ersten angreifen
wollten. Mustapha rieth vor allen sich gleich anfangs mit ganzer Macht gegen St. Elmo zu wenden, da, wenn diese Festung einmal erobert wäre,
der Hafen Marza musetto desto leichter zu gewinnen, ihre Armada unterzubringen, und dem Belagerten alle Hilfe abzuschneiden wäre. Sie zogen
also über dem Berg herüber, besichtigten die Fe-

stung,

stung, wobei sie durch einen Anfall, den die unsrigen auf sie thaten, wider einen ansehnlichen Verlurst litten, und rüsteten sich gleich zu einen Hauptsturme.

Sie fiengen Tagsdarauf an die Festung St. Elmo mit etlichen Cartaunen zu Beschiessen, und zwar unaufhörlich bis auf den lezten Mai, von welchem Tag an, bis auf den 3 Junius sie das Feuer noch mit 26 grossen Stucken vermehrten, an welchem Tage die Feinde den unsrigen die Gezelde abgenommen: Freilich kostete sie diese Eroberung an die 800 Janitscharen, allein es kammen auch der unsrigen 25 um, worunter auch ein deutscher Ritter Namens Neuneck war. Die darauf folgende Nacht schickte der Großmeister den Ritter Silvago um Hilfe nach Sicilien und Neapel, und kam nicht ohne sehr grosser Gefahr aus der Stadt.

Den 6 Junius wurde die Festung auf der Seite gegen Borgo über samt den Schanzen grausam bestürmet und beschossen. Am Pfingsttage kamen des Draguts Türken und Moren ans Land, denen die Malteser tapfer begegneten, und ihrer eine ziemliche Anzahl niedermachten. Die darauf folgende Nacht wagten die Türken einen Hauptsturm auf St. Elmo, ja es wurden so gar die Mauren mit Leitern bestiegen, die unsrigen begegneten ihnen aber so nachdrücklich, daß die Feinde mittels eines sehr beträchtlichen Verlurstes gewitziget wurden, und es nicht mehr wagten mit Leitern zu stürmen.

Den 16 und 22 wurde dieser Festung so wohl mit Brechschüssen, als Kunstfeuern dergestalt zugesetzt, daß die Fundamenten aller Gebäude erbebten,

E   dem

dem ohngeachtet litten nur die Stürmer den größten Verlust, Dragut selbst bekam einen Schuß, woran er in zween Tagen darauf starb.

Den 23, als den folgenden Tag darauf um Mitternacht ruckten die Türken abermals vor die Festung St. Elmo, gegen 8 Uhr Morgens aber stieß die ganze Armada dazu. Die Festung wurde 12 Stunden lang mit 32 Cartaunen in einem continuirlichen Feuer beschossen, und die Türken wechselten in diesem Sturme immer zu also ab, daß anstat der ermüdeten wieder frische Mannschaft nachgesetzt ward, wobei die Christen dergestalt abgemattet wurden, daß sie nicht einmal ihr Gewähr mehr zu gebrauchen im Stande waren: Die einzige Ursach daß endlich die Türken um Mittag die Festung in ihre Gewald brachten.

Alles, was von der Besatzung noch lebendig war, wurde augenblicklich niedergesäbelt, die Ritter hingegen wurden gezwungen den Kopf zu einen gewissen Fenster, (wie es den Fremden noch heut zu Tag gezeigt wird) hinauszustecken, wo ihnen dann selber abgeschlagen, das Herz aus dem Leibe gerissen, und so in ihrem rothen Ordenshabit im Augesicht der Christen bei den Füssen aufgehangen, und erst über eine Weile in das Meer gestürzt wurden.

Als der Großmeister diese Grausamkeit sah, ließ er ebenfalls alle gefangene Türken auf die den Feinden gegen über gelegene Schanz führen, sie in Stücke zerhauen und in das Meer schmeissen. Er befahl auch ins künftige keinen Gefangenen mehr einzubringen, sondern sie gleich auf dem Plaze, wo man ihrer habhaft würde, niederzusäbeln.

Es

Es geschahen in dieser Festung über die 20000
Schüsse, und kamen 1300 Menschen um, worunter 230 Ritter waren, die sich alle bis auf den
letzten Athemzug mit unerschrockenem Muth ge-
währt hatten.

Den 28 schickte Mustapha einen alten Spanier so ein gefangener Christ war, samt einem
Chiaus an dem Großmeister, der über die Ueber-
gabe mit ihm tractiren sollte; allein der Großmeister rieth beeden nicht wieder mit so einer Both-
schaft zu kommen, wenn sie nicht gerne gehangen
sein wollten. Wie sehr Mustapha durch diese
Antwort erbitteret wurde, ist nicht auszusprechen.
Noch selbe Nacht wagte es ein edler Grieche Namens Philipp Lascarus, der als ein Jüngling zu
Patras gefangen wurde, zu den unsrigen herüber
zu schwimmen, ohngeachtet einige Janitscharen mit
ihren gezohenen Röhren wacker hinter ihm drein
feuerten. Dieser nun entdeckte dem Großmeister
viele Dinge, die den unsrigen nachher sehr wohl zu
statten kamen.

Den 30 Junius und den 5 Julius beschossen
die Türken die beeden Festungen St. Michael und
Borgo mit 50 grossen Stücken, worunter drei so
ungeheure Canonen waren, die Basilisken genannt,
daß sie 200 Pfund Eisen schossen. Die übrigen
waren doppelte und einfache Cartaunen.

Den 12 Jul. kamen den Türken vom Könige
Hariadenus zu Algier 57 Schiffe mit 2100 Mann
zu Hilfe, und den 15 darauf stürmten sie mit 70
Segeln zu Wasser drei, und mit der Landarmee
fünf Stunden unaufhörlich auf Borgo und St.
Michael. Endlich musten die Türken mit einem

E 2   Ver-

Verlurſte von 2000 Mann ſich zurückziehen. Damals fiel auf Seite der Ritter der tapfere Friederich von Tollero, des Don Garzia Duca di Alba, und Viceköniges von Sicilien Sohn.

Den 20 und 28 wurden dieſe Feſtungen abermal zu der Stürmer eigenen Schaden angefallen. Pariſotto des Großmeiſters Vetter, und der Ritter Agleria wurden todgeſchoſſen.

Den 1 Auguſt wurde ein Gang unter der Erde, den die Feinde gegen unſre aufgeworfene Schanz gemacht hatten entdeckt; dieſen gewan ein Fähndrich, jagte die Türken heraus, und empfieng vom Großmeiſter zum Lohn ſeiner Tapferkeit eine 5 Pfund ſchwere goldene Kette. Es wagten die Türken dieſen Monath noch zehen Stürme, ohne etwas anders als ihren eigenen Verlurſt dabei zu gewinnen.

Den 2 und 4 September wurden wieder zween Hohlgänge entdeckt, die von den unſrigen ſamt einer ungeheuren Menge Türken in die Luft geſprengt wurden.

Den 7 ließ Muſtapha in ſeinem Lager ausrufen, daß er demjenigen Fähnlein, ſo er zum erſten auf der Feſtung ſehen würde, 3000 Kronen auszahlen wolle, nebſt dem anſehnlichſten Promotionen bei der Armee. Nun wollte jeder der erſte ſein, als ſie in ihrem höchſtem Jubel die ſchlimme Nachricht erhielten, daß eben Don Garzia Vicere von Sicilien mit 60 Galeren, worauf 8000 Spanier wären, in dem Port eingelaufen ſeie. Dieſe Nachricht benahm den Türken beinahe all ihren Muth.

Den

Den 11. floh eine verläugneter Genueſer zu
den unſrigen herüber, der uns die Nachricht bracht,
daß die zween Baſſen willens wären den neulich
angekommenen Chriſten eine Landſchlacht zu liefe-
ren: Derowegen ließ der Großmeiſter die unſrigen
warnen, um ſo gut als möglich auf der Hut zu ſein.

Gleich den Tag darauf mit Anbruch des Tages rückten die Türken an das ſpaniſche Lager her;
da ſie aber ſo eine Menge Chriſten vor ihnen ſahen,
wollte keiner keinen Schritt mehr vorwärts thun,
ſie warfen Währ und Harniſche von ſich, und
eilten dem Geſtade und ihren Schiffen zu. Die Chriſten erſchlugen ihrer über 1500 in der Flucht, ohne
daß unſrer Seits mehr als 5 bis 6 umkamen. Dieſer Empfang, und dieſer Schimpf gieng dem Muſtapha dergeſtalten zu Herzen, daß er gleich in ſelbiger Nacht noch die Anker lichten ließ, ſo, daß wir
den andern Tag keinen Maſt mehr auf der weiten
See erblickten,

Dieſe Belagerung von Malta dauerte alſo von
den 18. Mai bis den 12. September, und geſchahen
in dem 79 Tage langen Stürmen der Feſtungen St.
Elmo, Borgo, und St. Michael 70000 Cartaunen
Schüſſe auf dieſelben. Chriſtlicher Seits blieben
9000, worunter 327 Ritter waren, der Türken aber
22000 Mann.

Noch einen und zwar einen der merkwürdig-
ſten Siegen, der ſeit vielen Jahrhunderten durch
die Treue und Tapferkeit dieſes hohen Ordens erfochten worden, müſſen wir hir anführen, ehe wir
die Geſchichte von ihren kriegeriſchen Tahten ſchlieſ-
ſen: Innen nämlich, der im Jahre 1572 den 6 Oct.
in der bekannten Liga ſancta auf der Höhe zwiſchen

Cur-

Cefalonien und der Insel Curzolari wieder den Erbfeind des christlichen Namens erfochten wurde.

Die Christen hatten dabei in allen 280 Galleren, die Türken aber deren dreihundert. Dieses
Treffen war eines der blutigsten, so je geliefert
worden. Die Türken verlohren dabei 230 grosse
und kleine Galleren, zählten über 30000 Tode, und
büßten an gefangenen Christen 12000, an tödtlich
Verwundeten und Gefangenen aber 6000. Mann
ein, so daß sie auf ein einziges Treffen, so aber
fünf Stunden dauerte, um 48000. Mann 230. Galleren und 400 grosse metalene Stücke leichter nach
Hause fuhren. Der Christen blieben 8000. ohne
den Verwundeten. Unter den Malteserrittern deutscher Zunge waren diese die fürnehmste, die in der
Schlacht umkamen: Joachim Sparr, Commenthur zu Mainz und Frankfurt, Ruprecht von Ham-
berg, Commenthur zu Hemmendorf, und Franz
Droft. Unter den verwundeten waren: Paulus
Jordanus, Troilus Sabellus, und Markus Mo-
linus sämmtliche Hauptleute maltesischer Galleren.

Wer alle die Siege die dieser hohe Orden wieder die Unglaubigen erfochten, alle die Dienste die
sie der Christenheit und dem Reiche geleistet, alle
die Trangsalen, Marter, und Gefängnisse, die sie
zur Ehre Gottes und der Kirche seit seiner Einsetzung
erduldet, aufzeichnen wollte, welch ein Buch müste
dieser schreiben? Hingegen auch wie furchtbar ist
sein Name den Barbaren, wie groß vor allen seinen
Feinden und Wiedersagern, wie ehrwürdig der Kirche und dem heil. röm Reiche.

———————

Neun-

Neuntes Kapitel.

Der hohe Orden von Malta, dessen zweifache
edle Pflicht es ist sowohl die Armen und Kranken aufzunehmen und zu unterstützen, als den Ungläubigen zu Wasser und Land auf alle Weg Abbruch zu thun, die gefangenen Christen zu erle-
digen, die Gerechtigkeit überall zu unterstützen und
zu handhaben, den Unterdrückten empor zu helfen,
der Waisen und Wittwen väterlich sich anzunehmen,
und sich selbst in allen evangelischen Tugenden nach
aller Möglichkeit zu vervollkommen, besteht aus

I. Rittern.

II. Caplänen, und

III. Servienten.

Die Ritter sollen und müssen alle von gutem
Adel, ledigen Standes, keiner bösen That schuldig,
christlicher Abkunft, einer gesunden Leibesconstitu-
tion, und wenigst dreizehen volle Jahre alt sein.

1. Wer einmal ein Ritter dieses hohen Ordens
ist, kann von keinen Menschen mehr, wer er immer
seie, seines Adels wegen angefochten werden.

2. Ein Ritter dieses Ordens soll sich keinen
Menschen mehr eidlich verbinden, noch auch

3. Einem christlichen Fürsten wieder den andern
Kriegsdienste leisten.

4. Kein Schiff armiren wieder des Hr. Großmeisters Vorwissen.

5. Die Ordnung ihres Ranges, soll nach der
Ancienität ihrer Aufnahme bestimmt werden.

6.

6. Niemal ohne ihrem Ordenskreuze aus dem Hause gehen.

7. Wer sich im Dienste des Ordens zur See begiebt soll sich alles Eigenthumes schriftlich zuvor verzeihen, und zur Beichte gehen, welches auch

8. Allen Hr. Hr. Rittern jährlich dreimal vorgeschrieben ist.

9. Stat der sieben grossen Tagzeiten sollen sie täglich 150. Pater noster sprechen ꝛc. Raimundus de Podio Præfectus Hospit. Jerosol. ad S. Jo. Baptist.

II. Die Caplänen, (Kreuzpriester) haben neben dem, daß sie den Gottesdienst des Ordens verrichten keine weitere Obliegenheiten.

III. Die Servientes hingegen haben in den Feldzügen des Ordens auch zu Rittersdiensten sich gebrauchen zu lassen. Sie führen nur das halbe Kreuz a) und sind nicht vom Adel. Sie können niemal Großmeister werden, noch vielweniger Großprioren oder Ballai wie die Ritter, wohl aber sind ihre Aemter Ordensverwalter, Einnehmer ꝛc. ꝛc. Letztere zwo Classen werden keine Ritter, sondern nur nach ihrem Aemtern bei dem Orden genannt.

Der ganze Orden wird in Zungen eingetheilt:

1) Die von Provence.

2) Die von Auvergne (Avernia).

3. Der von Frankreich oder Paris.

4. Die italiänische.

5. Die arragonische.

6.

---

a) Ganzes Kreuz.   Halbes Kreuz

NB. Die in der Notte Seite 72 vorgemerkte
Ordenskreuze sollten diese Gestalt haben.

6. Die Deutsche, welche auch die Böhmen, Ungarn, Pohlen, Dännen, Schweden, Croaten, und Dalmatier begreift.

7. Die Castilianische, die auch Leon, Portugal, Algarbien, Granada, Toledo, Gallicien und Andalusien mit einschließt.

Die hohen Aemter dieses Ordens sind folgende, als nämlich:

1. Der Großcommenthur, der aus der Zunge von Provence erwählt wird.

2. Der Marschall welcher das Haupt von Auvergne ist.

3. Der Hospitalier als das Haupt der Zunge von Frankreich.

4. Der Admiral als das Haupt der Zunge von Italien.

Der Granconservatore, das Haupt der Zunge von Arragon.

6. Der Großkanzler als das Haupt der Zunge von Castilien und Portugall.

7. Der Großballei von Deutschland.

Das Amt des Turcopellier ist mit dem Haupt der englischen Zunge eingegangen, seit 1550.

Noch ist zu merken das Herrenmeisterthum in der Ballei Brandenburg so auch dem Maltäserorden gehöret, durch die Mark Pommern, Sachsen, und Wendland sich erstrecket, und jetziger Zeit von dem königl preußischen Hause und den churbrandenburgischen administrirt wird. Obwohl man sonst nur katholische Ritter hatte, so nimmt man doch jetzt auch lutherische und reformirte, ja sogar die so sich zur griechischen Religion bekennen, wie wir an dem Feldmarschall Schermetof einen Beweis haben.

An dem Tage, wo einer von den Herren Rittern zum Großmeister erwählt wird, sind alle Aemter und Comenderien von Stund an erledigt. Von der ganzen Verlassenschaft seines Vorfahrers darf er nichts ziehen, als so viel Korn und Wein, als er bis auf die nächsten Weihnachten braucht, das übrige fällt in des Ordens Rentkammer. Vom Silbergeschir seines Vorfahrers darf er ebenfalls nicht mehr behalten als 600 Mark, das übrige ist ebenfalls in der Rentkammer verfallen.

Zur Erhaltung seines Standes hat er alle Einkünfte aus der Insel Malta die sich ebenfalls im Durchschnit auf die 12000 Dukaten belaufen: Man reicht ihm auch jährlich aus des Ordens Rentkammer noch etliche tausend Kronen. Von aller Beute von dem Ungläubigen gebührt ihm ebenfalls der zehente Theil.

Ueberdas gehört ihm aus jedem Priorat eine Commenderie, welche er auch um eine gewisse Summe Geldes auch wieder einem anderen Ritter abtretten kann. Nun aber sind gegenwärtig ein und zwanzig Priorate in dem ganzen Orden. Diese 21 Priorate enthalten ohngefähr 685 Commenderien.

Der Balleien sind zwölfe, und sind dieselben gleichsam die geheimden Räthe des Großmeisters. Sie tragen alle Großkreuze, und succediren gewöhnlich den Prioren ihrer Provinzen. Das Wort Ballei scheint von dem alten französischen Wort Baillie (Salva-Quartia) herzukommen.

Zehn-

Zehntes Kapitel.

Von den Liebesdiensten.

Wir sahen bisher einem kleinen Schattenrieß von den mächtigen Thaten dieses erlauchten Ordens; sahen ihre blutigen Fehden, staunten ihre Siege, und ihre Mannheit an; allein wir wollen diese hochwürdigen Ritter nicht nur als Helden, sondern, was uns noch theuerer sein muß, als Menschen, und als Christen kennen lernen.

Die Absicht dieser einst jerosalemitanischen Spitalbrüder war nicht nur das eiserne Joch der Saracenen so gut als möglich zu erleichtern, sondern auch jedem leidenden Christen, jedem dem Schmerz anhaltender Krankheiten, oder dem bittern Mangel und Hunger preisgegebenen Unglücklichen zu Hülfe zu kommen.

Wir wollen daher nicht eine lange Schilderung jener Wohlthaten machen, die dieser hochwürdige Orden in verschiedenen Theilen der Welt unter seine Brüder die Menschen ausgespendet, sondern den wörtlichen Inhalt einer von dem würdigen Großmeister Rogerius seit dem Jahr 1181 in der Vaticanischen Bibliothek zu Rom aufbehaltenen Konstitution hersetzen.

In dem 1181 Jahre nach der Geburt unsers Heilandes im Monath Merz am Sonntage Lätare verordnete Rogerius ein Diener der Armen Jesu

Christi

Chriſti in einem Generalkapitel der Prieſter und Laien zuſammen berufen zur Ehre Gottes, zur Zierde der Religion, und zum Troſt und Hilfe der armen Kranken folgende ohne aller Veränderung ſteif und ewig zu befolgende Anſtalten.

Die Brüder des Spitals von Jeruſalem ſollten beſtändig vier erfahrne Aerzte die den Zuſtand der Kranken, und die ächte Heilungsmittel kennen, unterhalten.

Es ſoll nie mangeln an Betten vom gehörigen Raume Jedes Bette ſoll ſeine eigene Decke, und Betlaken, alles reimlich und ſauber haben.

Jeder Kranke ſoll ſeinen eigenen Schlafpelz, Stiefel, und wollene Hauben haben. a)

Auch ſoll es nicht mangeln an geſunden Zimmern, für Pilgerinnen, die etwa daſelbſt in die Wochen kommen, wo man ſie dann ſo lange unterhalten ſolle, als die Kinder noch Säuglinge ſind, damit derſelben keines ſterbe wie es doch gewis geſchehen würde, wenn ſie von der Mutter vernachläßigt, und verlaſſen werden müßten.

Bei der Leiche eines Abgeſtorbenen aus dem Spitale ſolle kein Unterſchied zwiſchen den Brüdern und Kranken gemacht werden, jederzeit ſoll die Baare mit einem rothem Tuche, und einem weiſſen Kreuze darauf bedeckt werden.

In dem ſiebenden Kapitel heißt es weiter: Die Brüder ſollen ſich wohl hüten, das was ſie an den armen Kranken um Gotteswillen thun mit Verdruſſe, Widerwillen, oder Murren zu thun, ſondern der Me.....g und dem Willen der Commenthurs willig Folge leiſten.

Sollte

---

a) Im Dokument ſelbſt heiſt es - - - - e Capelli di Lana.

Der Großprior von Frankreich auch soll jähr=
lich hundert Stücke Koton für die Armen zu Jeru=
salem schicken, und sie mit denen, die er empfangenen
verrechnen.

Eben so soll es mit dem Prior des Spitals zu
St. Gallus gehalten werden.

Auch der Prior von Italien soll jährlich zwei=
tausend Ellen wollenen Zeug von zerschiedenen Far=
ben nach Jerusalem schicken.

So haben sich auch der Prior von Pisa, und
der von Venedig zu verhalten. Der Ballei von
Antiochien soll jährlich zweytausend Ellen Koton für
die Kranke zu Jerusalem zu versenden.

Der Prior von Monteperegrino soll alle Jahre
fünf Quintal Zucker zuLatwergen, nach den Spi=
tal schicken Sirop, und andern Medicinen. Eben
diese Verordnung hatten der Ballei von Tabaria,
und der Prior von Constantinopel.

Die Brüder sollen mit unverdrossenen Herzen,
und mit einem heiligen Eifer der Kranken pflegen.
In jedem Gange des Spitals sollen neuen Diener
sein, die den Kranken immer zu Gebothe stehen,
ihnen die Füsse waschen, nöthige Speiß und Trank
reichen, das Bett machen, und alle mögliche Lie=
besdienste getreu und gehorsam leisten sollen.

In der Bestättigung dieses Generalkapitels des
Großmeisters Rogerius heißt es wieder

Das heilige Spital zu Jerusalem soll alle arme
kranke Männer, oder Frauen aufnehmen, und es
selben weder an Aerzte noch an Medicamenten, oder
andere Nothwendigkeiten fehlen lassen.

Drei=

Dreimal in der Woche soll man den Kranken gutes und frisches Schwein- oder Schaaffleisch geben, denen aber, welche es nicht essen könnten, Hünerfleisch.

Zween Kranke sollen jederzeit einen Belz mitsammen haben, um sich, wenn sie herumgehen, damit bedecken zu können.

Alle Jahre hat das Spital zu dem Ende tausen grosse Schaafbelze abzugeben.

Alle Väter und Mutter lose Waisen, oder niedergelegte Kinder soll das Spital aufnehmen und ihrer pflegen.

Jedem Manne oder Mädchen, die sich zu verehlichen gedenken, und zu arm sind ihre Hochzeit auszuhalten, sollen selbe in dem Spital feiern, und selben zwei grosse Schüsseln geschenkt werden.

Es soll auch in dem Spital ein Schuhmacher sammt den benöthigten Gehülfen gehalten werden, um den Armen um Gotteslohn Schuh oder Stiefel zu machen.

Auch' sollen immer zween Schneider bey dem Spital sein, die den armen Pilgern ihre abgenutzte Kleider wieder zurecht machen sollen.

Der Großalmosengeber des Ordens hat jedem Gefangenen, wenn er in Freiheit gesetzt wird, zwölf Pfenning auszuzahlen.

Alle Nacht sollen fünf Priester für die Guttäter des Spitals den Psalter bethen.

Täglich können dreißig Arme in dem Spital zu Mittagessen, wozu auch die obenbenannte fünf Priester gehören, welche noch darüber des Tags

zween

zween Pfennige haben, und auſſer dem Convent ſpeiſen können.

Dreimal in der Woche ſoll von dem Spital aus alleu Armen die dahin kommen, ein Allmoſen an Brod, Wein, und einer gekochten Speiſe ge=reicht werden.

Dieſes ſeie alles das eigentliche und gewöhn=liche Allmoſen des Spitals, ohne dem, was noch weiter auf die, ſo bei der Armee dienen, und auf andere chriſtliche Liebesdienſte verwendet werden muß.

MCLXXXI.   Rogerius Spitalgroß=
                    meiſter.

                    Bernhard Großprior,
                    und das ganze Con=
                    vent.

Aus dieſen wenigen, ſo weiſen, als menſchen=liebenden Verordnungen, die dieſer hohe Orden ſchon ſo zu ſagen, in ſeiner Kindheit feſtſetzte, läſt ſich wohl ermeſſen, wie ſehr ſich deſſen Wohlthä=tigkeit nachmals vermehret haben müſſe, als er, wie wir in den erſten Kapiteln erſahen, bis an die Macht eines kleinen Königreiches hinanwuchs; allein die Schickſale des Ordens waren bei denſelbigen Zei=ten vielzuveränderlich, und zu groſſen Criſen unter=worfen, als daß das Spital zu allen Zeiten das alles hätte leiſten können, was es ſich in ſeinen blü=henden Umſtänden zum Geſetze machte. Jeruſalem gieng verlohren, und dieſe vortreflichen Anſtalten zur Unterſtützung der armen Kranken und Waiſen nahm natürlicher Weiſe um ſo viel nöthiger ein Ende, als den Rittern ſelbſt von all ihren Gütern ſelben Pro=

VIII:

dinzen nichts mehr übrig blieb, als einige wenige
Dörfer, die die Türken ihres Besitzers nicht werth
achteten, allein der grosse Plan, den die Ritterschaft
bei ihrer Entstehung zum besten ihrer Mitmenschen
entworfen hatte, war von dem Himmel selbst zu
freudig aufgenohmen worden, als daß er durch
Macht eines Heerlagers hätte zerstört werden können: Sie waren in Rhodus der Welt das, was
sie in Jerusalem gewesen, und heut zu Tage in
Malta noch wirklich sind.

Carl der Fünfte dieser durch seine Siege wieder die Barbaren um die Christenheit so verdiente
Kaiser nahm sein erstes Augenmerk, als er diese
Insel dem Orden übergab auf Krieg und Fehde,
wozu die vortheilhafte Läge dieser Insel die beste
Gelegenheit gab; allein die Ritter vergaßen hir mit
einer nur ihnen eigenen Edelmuthe ihrer selbst, und
dächten erst auf die Errichtung eines neuen Spitals,
ehe sie an ein Zeughaus dächten. Denn wir müssen immer auf den ersten Zweck dieses Ordens zurück sehen: Gutthätigkeit, Großmuth und Erbarm-
nung war die erste edle Absicht seiner Errichtung,
Abbruch den Feinden des Evangeliums und ihre
Vertilgung aus dem christlichen Provinzen kam erst
in den zweyten Platz in seinem würdigen Plane.

Neben dem aber, daß man auf die Kranken
sowohl, als andere Arme, deren Anzahl durch die
Streiffereien der Barbaren auf der Nachbarschaft
von Trippolis von Tag zu Tag immermehr wuchs,
bestens bedacht sein muste, kam auch noch die Sorge dazu, wie man diejenige türkische Sclaven un-
terbringen, oder eine ihren Fähigkeiten gemessene Bestimmung geben könnte, wenn sie die romantischen
Träumereien ihres Alkorans abschwören, und zum

Be-

Bekenntniß der christlichen Lehre sich bequemen würden. Man muß nemlich nicht glauben, als wenn
die Absicht der würdigen Ritterschaft nur allein dahin bedacht wäre ihre Besitzungen, ihre Finanzen
mit türkischen Beuten zu vermehren; ihr Beruf hat
höhere Bestimmung, die Verbreitung des Evangeliums, die unterdrükte Menschheit, die Leiden
der Christen unter den Ketten der Mahumetaner
fordern ihre Rache, ihren heiligen Ingrimm auf.
Es ist wahr, die Anzahl der Sclaven, die in Malta von türkischen Schiffen eingebracht werden,
übersteigen die Zahl der unglücklichen unserer Seits
um ein ansehnliches; allein die Behandlung der
Malteser gegen ihre Feinde, und jene der Türken gegen die ihrigen sind himmelweit zerschieden, sie sind
zwar Sclaven, verliehren ihre Freiheit, allein die
Rechte der Menschheit sind den Rittern zu heilig,
als das sie selbe mit barbarischen Despotismus
verdrängen sollten a), wenn nicht ihre Bosheit,
wie

a) Freylich würde hier die Menschheit zurücke schau-
dern, wenn wir nur kleine Schattenzüge des Zustandes
jener Elenden, die bei diesen Streifereien in Sclaverei
gerathen hermalen wollten; wenn wir ihren von Son-
nenbrande versengten Rücken die Schwillen von unzähligen Geiselhieben, ihren Mangel an schmackhaften Wasser, und den Schmerz, den ihnen das häufige Ungezifer
auf langwierigen Reisen verursachet, schilderten: jedoch so
schrecklich dieser Zustand ist, so unbegreiflich, so alle
Einbildungskraft übersteigend ist ihre Boßheit, und ihre
Endwürfe, die ihre niederträchtigen Seelen beschäftigen.
Alle Achtung ihres Lebens, aller Trieb der Selbsterhal-
tung ist in ihren Herzen erloschen, und ihr einziges Sin-
nen und Trachten gehet dahin, das Schiff, an dessen Ru-
der sie geschmiedet sind, sammt der ganzen Equipage in
den Abgrund des Meeres zu versenken. Sie sitzen zu

F

wie es doch der alltägige Fall ist, auf so ausschwei-
fende Rasereien verfällt, die nur mit der schärfe-
sten Knutte gebändigt werden kann. Und dem ohngeachtet sind sie der ausschweifendesten Wohllust,
und einer viehischen Ausgelassenheit ergeben, über
die ein mit dieser Art Leute unbekannter Reisender
eben so sehr, als über ihre Halsstärrigkeit ihr
Schicksal nicht verbessern zu wollen, erstaunen
muß.

Da nun aber, sei es der Druck der Sclaverei, oder was immer für ein Bewegungsgrund
manchen Türken seinen Irrglauben zu verlassen, bestimmet, so ist es nichts ungewöhnliches
bei der Zurückkunft eines maltesischen Schif-
fes eine ansehnliche Zahl türkischer Sclaven zur
Taufe führen zu sehen: Eine Bekehrung die oft
freilich nicht länger währet, als bis sie zu entwischen, und zu ihren vorigen Irrlehren zurück zu-
kehren Gelegenheit haben. Es ist aber dem ungeachtet von Seite des hohen Ordens die vortreflichste Verfügung gemacht, denjenigen, die in dem
Schoo-

---

acht und zehen an eine Bank hergeschmiedet, ohne Raum
nur einzige Nacht, ausser sie wären krank, anderswo,
als auf der Schulter ihres Nebenmannes schlafen zu können; nur diejenigen, man heißt sie Fratelli, die ihres
Wohlverhaltens wegen sich auszeichneten, sitzen unten
oder oben an einer Ecke, wo sie mit etwas besserer Be-
quemlichkeit ruhen, und den Erschütterungen des Schif-
fes begegnen können. Doch ist wohl zu merken, das
alle diese Leute so zu sagen von ihrer eigenen Willkur abhangen, da nur die mindeste Besserung in ihrem
Verhalten ihren Zustand schon erleichtert, und die Bekenntniß zur christlichen Lehre sie in ihre natürliche Freiheit versetzt, wo sie freilich noch um ihren Unterhalt zu
verdienen arbeiten müssen, doch aber auf dem Fuße anderer im Solde stehender Matrosen gehalten werden.

Schoose der chriſtlichen Gemeinde zu verharren gedenken, ihren Zuſtand ſo leicht, und ihre Beſtim-
mung ſo erträglich als möglich zu machen, wenn
ſie nicht, welches nichts ungewöhnliches iſt, von
einem Stande gebohren ſind, der es ihnen möglich
macht ſich durch ein anſehnliches Löſegeld in Freiheit zu ſetzen, wobei die Beſcheidenheit des Ordens
in ſeinen Forderungen dem Geitz der Muſelmänner
eben wieder nicht wenig beſchämen müſte, wenn
ein Türke für Beſcheidenheit und Großmuth einen
Sinn hätte.

Man darf aber nicht glauben als brauchte es
nicht mehr, als das ein malteſiſcher Sclave nur
hingehen und ſagen dürfe, er wolle ſich tauffen
laſſen, um einer Tracht Schläge, oder einer
ſauern Arbeit entübrigt zu werden; ganz und gar
nicht, ſondern man ſieht erſt auf ſein ganzes Betragen, auf ſeine ganze bisherige Aufführung zurücke, um zu wiſſen wes Geiſtes der Mann ſeie,
und ob ſeine Taufbegierde das Reſultat der Hei-
chelei, oder eines unverfälſchten Eifers zur Bekannt-
niß des göttlichen Namens ſeie? Findet man aus
dem ſitlichen Betragen des Kathekumenus das ſein
Herz für ſanftere Lehren empfänglich ſeie, ſo wird
er alſogleich dem Unterrichte des Schifpredigers
übergeben, der nicht nur über den Fortgang in Er-
lehrnung der chriſtlichen Lehre, ſondern auch haupt-
ſächlich auf den moraliſchen Karakter ſeines Lehr-
lings ſtrenge Obſicht zu tragen hat: Seine Feſſeln
werden ihm alſobald abgenommen, und ſein Scla-
venkleid ausgezogen, damit nicht der Name eines
Chriſten mitten unter den Chriſten durch die Spu-
ren der Knechtſchaft geſchändet werde. Iſt ſeine
Bekehrung von Beſtande, ſein Eifer keine Lüge,

F 2 ſo

so fehlt es nicht an dem weisesten und mildthätig-
sten Anstalten bei der glücklichen Zurückkunft in einem christlichen Porte aus dem Aerarium des Hospitals für eine zweckmäßige Bestimmung für ihn
zu sorgen, um entwenders ihn mit einer zureichen-
den Reisesteuer in andere christliche Staaten zu versenden, oder ihn in den Staaten von Malta selbst
auf eine oder die andere Weise nach seiner Anla-
ge oder Geschicklichkeit unterzubringen : Wie es
denn jetzt wirklich sehr viele Familien in Malta giebt,
die von türkischer Abkunft entsprossen, nun aber
in glücklichen und gesegneten Umständen sich allda
befinden; ob man schon bei manchen Gelegen-
heiten die traurige Probe hatte, wie schwach ihr
Glaube, und wie geneigt zur Verrätherei die Herzen dieser Neubekehrten Christen gewesen waren.
Daher unterläßt man nicht bei einem erheischenden
Nothfall oder einer von aussen drohenden Gefahr
auf diese neue Christen ein sehr obachtsames Auge
zu haben.

Die Summen, die alle Jahre zum besten
der Kranken a) der Armen, und der Waisen, zum
Unter-

---

a) Wir wollen zu Beleuchtung dieses Satzes eine merkwürdige Stelle aus dem eilften Kapitel der Beschreibung
Joannis Vizburgensis hersetzen, wo er von der Verfassung des Spitals zum heil. Johann dem Täufer wie sie
beiläufig schon um das Jahr 1150. stunde, beisetzen: —
Juxta Ecclesiam sancti Sepulchri, quam superius de-
scripsimus, ex opposito versus meridiem est pulchra
ecclesia in honorem sancti Joannis Baptistæ constructa,
huic adjunctum est Hospitale, in quo per diversas man-
siones maxima multitudo infirmorum tam mulierum quam
virorum colligitur, fovetur, & cum maximis expensis
quotidie reficitur: Quorum summa, tunc temporis, cum
essem præsens, ab ipsis servitoribus hoc referentibus ad

Unterhalt des Kriegsetats, zum Schifbau, auf das Missionswesen, auf die Dienerschaft, und auf die Frei gelassene, oder weiters versendete mittellose Sklaven verwendet werden müssen, sind wahrhaft königlich, und stürzten nicht selten bei einer unvermutheten anhaltenden Theuerung, verunglückten Schiffen, grausamen Stürmen oder Erdbeben, ansteckenden Krankheiten, und anderen unversehenen widrigen Zufällen den Orden in nahmhafte Schulden, die oft nur durch die Freigebigkeit christlicher Fürsten gedilget werden konnten.

Um aber den Leser über die Möglichkeit so ungeheuerer Ausgaben nicht in Verlegenheit zu setzen, müssen wir eine kleine Uebersicht der erstern Fundationen und Schankungen die dem Hospitalerorden gemacht worden, zu Hilfe nehmen.

F 3   Eilftes

---

duomillia languentium fuisse cognovi; ex quibus aliquando infra noctem & diem plus quam quinquaginta mortui exportantur: iterum atque iterum pluribus de novo accedentibus. Quid plura? eadem domus tam extra, quam intus suis sustentat victualibus præter infinitam eleemosynam, quo quotidie pauperibus ostiatim panem quærentibus, & extra manentibus datur, ut certe summa sumptuum nequaquam possit deprehendi, etiam ab ejus domus procuratoribus, & dispensatoribus. Præter horum omnium insuper expensam tam in infirmos, quam in pauperes alienos factam, eadem domus multas universis militaribus rebus instructas pro defensione terræ Christianorum ab incursione Saracenorum, passim per Castella sua, sustentat personas.

Elftes Kapitel.

Von den ersten Stiftungen und Stiftungsdocumenten.

Gunzelin Graf in Zuering vermachte wie er in seinem Stiftungsbriefe a) sich ausdrückt um das Jahr 1100 dem Johanniterorden die ganze Grafschaft Godin mit all ihren zugehörigen Einkünften und Ansprüchen, darum, weil er unter dem Geräusche der Waffen lange nicht Gelegenheit gehabt hatte auch etwas zum besten derselben zu thun. In dem Schankungsbriefe sind als Zeugen unterschrieben Wilhelm und Geroldus von Ekellen, Gottfried von Friberg, Switerus und Friderich Hasenkob. Die Jahrzahl beziehet sich auf das 1100.

Eben in diesem Jahre schenkte auch Jordanus der Sohn des Raoulphus Brienus 14. Juchard Felds samt einer Mülle an das Spital. Als Zeugen sind unterschrieben Allanus, Bernardus, Hugo Canonici Monast. Anglican. b)

Rogerius Graf (König) von Sicilien vermachte das ganze Feld von Messana samt der Vorstadt und dem Freithofe dem Orden, und schlug
alle

---

a) Ex tomo 9. reliqui. Msr. Petri Ludevic. pag. 496.

b) Ex Bibl. Cottoniana Monast. anglic. tom. 2. pag. 526.

alle Einkünfte dieses Gebietes zu dem Spital im
Jahre 1136. indict. XI. datum Panormi per
manus guarini Cann. 6 idus Octobr. anno
regni quinto &c. a)

Arnulphus Patriarch von Jerusalem vermachte ebenfalls den zehenden Theil aller Einkünfte des Patriarchats zur Unterhaltung des Spitals,
und belegte jeden seiner Nachfolger mit der grö-
seren Excommunication, wenn sie die Armen Gottes
nur um einen Pfenning betrügen sollten. Im Jahre 1112. indict. V. und im dreizehenden Jahre
nach Eroberung der Stadt Jerusalem. Zeugen
waren Aicardus Tempel Prior, Girardus Schatz-
meister, Fulco, und noch dreizehen andere meistens
Bischöffe. b)

Im Jahre 1160. beiläufig schenkte Gottfried
Balduin König von Jerusalem einige Häuser auf
dem Monalis, Mombor, und den sogenannten kalten Berg mit ihren Einkünften, Gärten, und anderen Nutzniessungen an das Spital. Als Zeugen
sind nebst vielen andern Arnold von Fillamala und
Griffo lo Boch unterschrieben.

Uladislaus König von Böhmen gelobte in einem
Feldzuge mit Kaiser Conrad wieder die Ungläubigen
eigens nach Jerusalem zu wahlfahrten, und dem
Spital reichliche Geschenke zu überbringen, da er
aber seines hohen Alters wegen den ersten Theil seines Gelübdes nicht mehr erfüllen konnte, ersetzte er
es in dem zweiten desto reichlicher, und vermachte
folgende Herrschaften an den Orden: Das Schloß

F 4 　　　　　　Crat

---

a) Ex Cod. diplom. Joh. Lunig tom. 2. sect. 5. pag.
1635.
b) Ex Cod. diplom. Hierosol. Sebast. Paoli tom. 1.
pag. 4.

trat mit seinem zugehörigen Gehölze, die Herrschaften
Hadovitz, Ozoym, Plane, und Cusov, die ganze Gegend
von neksteiner Gebiete an bis an das placenzische,
sammt allem was darinn begrifen ist, als Lipe,
Kuhov, der Markt Wesen, und dem Fluß Ma-
netin mit unbeschrenkten Recht in selben zu fischen,
und Mühlen darauf anzulegen. Er vermachte auch
dem Orden den Wald Cozodre, sammt den dabei
gelegenen kleineren Gehölzern, die im bilsner Kreise
gelegene Herrschaften Korizlave, und Hribovic sammt
dem Flecken Cevin, den dazu gehörigen Forst. Die
Zeugen bei diesen Instrument waren Judita die Kö-
nigin, Friderich Bischof von Prag, Heinrich Abt
von Breunov nebst fünf anderen Prälaten mit noch
neun königlichen Beamten, im Jahre 1169.

Wir wollen glauben, daß wir aus diesen Stif-
tungsdocumenten eben so wohl den Eifer und die
Gutthätigkeit der Vorzeit gegen diesen Orden, oder
vielmehr gegen die Armen satsam erwiesen haben;
denn was die spätere Stiftungen, die neueren Commenderien betrift, so finden sich selbe in den vortreflichen Schriften des Herrn Abts Vertu und
des Paulus Antonius Paoli zu genüge zu dem ist
es ja hier unsere Sache gar nicht ein Verzeichniß
der Commenderien herzusetzen, sondern nur dem un-
gelehrten Theil des Volkes eine kurze Idee von den
Thatsachen, und der Verbindung dieses Ordens
mit der Aufnahme der Kirche und den besten des
Publikums beizubringen.

Wir sagten vorher das die änglische Zunge in
dem Jahre 1538. eingegangen, nun aber durch die
gränzenlose Großmuth unsres gnädigsten Kurfürsten wieder ersetzt worden seie; da nun also die gegenwärtige englisch = baierische Zunge uns darauf
ver-

verleiten möchte auch die Namen der Familien der
Großprioren von Engeland zu kennen, so wollen
wir auch die Namen derselben Prioren nach ihrer
Folge hieher setzen.

Zwölftes Kapitel.

Von den Großpioren in Engeland.

I.

Der erste Großprior in Engeland war Bruder
Garnerius von Neapel. Unter seinem Priorate wurden die Besitzungen von Bukland dem Orden einverleibt, er starb zwei Jahre vor dem Mar-
tertode des Thomas von Bukland.

II. Auf ihn folgte Bruder Reichard von Turk,
starb den 13. August 1172.

III. Rudolph von Dyna, starb den 13. Mai
1180.

IV. Gilbert von Veer, dieser Prior bezahlte
den Schwestern des buklandischen Hauses zum erstenmal einen jährlichen Gehalt, und starb den 13
August 1186.

V. Hugo von Alnet, der den 23. November
im Jahre 1200. starb.

VI. Allanus der Bischof von Banger, ein um
den Orden höchstverdienter Mann. Er starb im
Jahre 1216.

F 5 VII.

VII. Nach seinem Tode ward der Schaßmeister des Ordens Bruder Robert ;um Großprior erwählet, welchem Amte er bis auf das Jahre 1223. rühmlichst vorstund.

VIII. Bruder Terrionius von Nussa, starb den 21. December 1237.

IX. Robert von Maunby, starb den 14. Oct. 1253.

X. Robert von Veer verehrte als Großprior der Kirche von Clerkenvel einen steinernen Krug, in welchem einst der Herr bei der Hochzeit zu Cana Wasser in Wein verwandelt haben solle, und starb den 15. Februar 1270.

XI. Peter von Hakam war sein Nachfolger unter der Regierung Eduards des ersten. Er lebte bis auf das Jahre 1276.

XII. Bruder Simon Böckhard.

XIII. Hellyas Smelton.

XIV. Stephan Fulburn.

XV. Joseph Chauncy, dieser ließ als Großprior in dem Clerkenvelischen Hause eine Kirche bauen, wozu Eduard I. eine nahmhafte Summa herschenkte.

XVI. Bruder Walterus, der das Haus des Gunnynton Schenegay und noch einige andere Grundstücke an den Orden gebracht hat

XVII. Willhelm von Haunle, welcher das Kloster Clercenvels bauen ließ. Er starb ebenfalls noch unter der Regierung Eduards des ersten, nemlich im Jahre 1284. im 4. Februar.

XVIII.

XVIII. Nach seinem Tode kam Reichard Penely zum Priorate, nemlich zur Zeit der Regierung des Sohnes Eduards des ersten.

XIX. Robert von Dyna.

XX. Willhelm Cochal, der den 12. October 1318. starb.

XXI. Thomas Carsier. Dieser setzte den Schwestern Bukland jährlich 40. Gold Gulden zum zum ewigen Genuße aus, und starb den 28. Aug.

XXII. Leonhard von Tybertis unter dieses Priors Regierung ward den Johanniter-Orden all _as Vermögen, so die vertriebenen Tempelherrn inne hatten, einverleibt.

XXIII. Philipp von Thane unter der Regierung Eduards des dritten. Er regierte drei Jahre.

XXIV. Johann Dalton.

XXV. Johann Pandlay.

XXVI. Robert Hales. Er war fünfzig Jahre Großprior.

XXVII. Johann Redington.

XXVIII. Waltherus Grandon.

XXIX. Willhelmus Hulles.

XXX. Robertus Maley.

XXXI. Robertus Botill.

XXXII. Johannes Weston.

XXXIII. Johannes Kundall.

XXXIV. Thomas von Docwra.

XXXV. Willhelm Weston, der vom Könige Heinrich dem Achten, säcularisiert worden. Er starb den 7. Mai im Jahre 1540.

Drei-

Dreizehendes Kapitel.

Von der Ausbreitung des Ordens unter seinem Stifter dem seligen Gerhard.

Um es endlich jedermann begreiflich zu machen, wie viel man sich überall von der Entstehung eines Ordens versprach, der auf so erhabene Plane sich gründete, müssen wir sehen, wie man so wohl in Orient als in Occident von dieser neuen Ritterschaft dachte. Schon der Name des Stifters war aller Welt ehrwürdig, und es ist zu bewundern, wie in einem Zeitlauf von so wenigen Jahren der glänzende Ruf dieses Ordens von Jerusalem bis London, und von London nach Messina, und von dort wieder nach Deutschland erscholl. Das Spital zu Jerusalem ward, wie bekannt im Jahre 1099. errichtet, und das Jahr darauf ward schon in London, und 1101. zu Messina, und Altenmünster in Deutschland eine neue Kommende gestaltet. Im Jahre 1105. wurden zu Monte pellegrino, in Antiochien, und Rafanien ꝛ. so berühmte als reiche Stiftungen gegründet; anno 1107. entstunde die Kommende zu Villedieu in der Normandie, anno 1109. die zu Cäsarea, Joppen, Accaron, und Rama, im Jahre 1112. die zu Pisa, zu Borgo, zu Asti, Bari, Ottranto, und jene in Sevillien. Im Jahre 1115. kamen noch die Stiftungen zu Arles,

les, und Capestan bei Nargon dazu. Anno 1117.
ward in Tripolis und zu Neapel eine Kommende
errichtet. Wir wollen das historische dieser Stiftungen nach der Erzählung zu dieser Zeit lebender Schriftsteller anführen.

Der Entwurf zu diesem Institut wurde von
den berühmten Gerardo in den ersten Tagen nach
der Eroberung der heil. Stadt ausgedacht und festgesetzt; die Ritter musten sich vor dem heil. Grabe
mit einem neuen Eide verbinden, ihre Waffen und
ihr Leben zur Vertheidigung dieser heil. Orte zuver-
wenden. Es ergaben sich ungemeine Schwürigkei-
ten, da unter immerwährenden Unruhen eines erst
neu eroberten Landes, mitten in einer fast gänzlich
zerstörten Stadt, welche überdieß seit mehrern Jahrhunderten mit den Finsternissen des mahometanischen
Aberglaubens umnebelt war, die Grundfeste zu dieser neuen hiersolimitanischen Ritterpflanzschule gelegt zu werden anfiengen, daher auch der Bau und
die Einweihung der Kirche zum St. Johann Baptista und des hiemit verbundenen Spitals erst nächst-
folgenden Herbst zu Stande gekommen. Ungefähr
im Jahre 1099. haben die St. Johannes Brüder beschlossen in einer gänzlichen Gemeinschaft zusammen
zu leben, und jenen Ort zur Aufrichtung ihres
Wohnsitzes erwählt, der auf dem Platz des heiligen Grabes lieget, wie es Vizburger in Appen-
dix. num. XV., welcher ihn wenige Jahre nach
seiner Erbauung persönlich gesehen, beschreibet.
Es ist nicht sicher zu bestimmen, obschon eine dem
Vorläufer eingeweihte Kirche da gestanden, oder
ob selbe Gerard von Grund auf neu erbauet habe.
Da aber die Geschichtschreiber, wo sie von dem

Or-

Orten vor der berühmten Erbauung reden, gar
keine Meldung machen, so ist vielmehr zu vermuthen daß selbe ganz von neuen aufgebauet worden. Dem sei aber wie ihm wolle, so ist doch un-
streittig gewiß, daß, das Kirchengebäude sowohl als
das damit verbundene Hospitium mit einer ungemeine Größe und Pracht entworfen und ausgeführt worden, weswegen Vizburger, da er von dieser Kirche
redet, sie immer die Schöne nennet, und von dem
anliegenden Hospitium behauptet, daß es über 2000
Gäste fassen könne. Auch war diese Grösse und
Pracht vollkommen nothwendig, nicht allein um dem
grossen Entwurf und dem Edelmuth der ersten Ritter, welche in diesen Orden zusammen getretten,
allerdings zu entsprechen, sondern auch um das Ge-
bäu mit der Großmuth aller jener Gutthäter welche so freigebige Beiträge zu dieser grossen Unternehmung machten, und mit den so beträchtlichen
Ausübungen von Menschenliebe, welche da nothwendig wurden, und mit den übrigen Bedürfnissen
dieser neu eroberten heiligen Stadt in einiges Verhältniß zu setzen. Was grosse Schankungen dem
vom Gerardo errichteten Spital gemacht wurden,
kann man in den Bestättigungen Balduin des ersten von Jahre 1110. ersehen. Ich will hier nur
von jenem Ansehen, und von jener Grösse sprechen,
zu welchen dieses grosse Werk in den ersten zehen
Jahren seiner Entstehung gelanget, und keineswegs
zweifeln, das in den übrigen zehen Jahren der Regierung dieses Stifters die Erwerbungen und die
Einkünfte dieses heiligen Orts nicht bis zum Ueber-
maas hinanwuchsen, wovon wir in dem diplomatischen Kodex des Ordens häufige Beispiele finden.

Da

Da König Balduin dem Orden alle Schankungen, welche ihm in Orient gemacht wurden, bestättiget, so kann man behaupten, daß die Ritter schon damals im Besitze von folgenden Provinzen waren, nemlich von Hessilia, Betavava, Montana, Sussia, Betame, Casal migliore, Casal d'Azote, Dirberham, Cafarmazre. Ueberdieß erwarben sie sich zehen neue Besitzungen, welche man seit jenen Zeiten die Landsitze nannte; wer eine dieser Besitzungen an sich bracht, war nicht nur allein Grundherr, sondern er hatte auch alle Rechte eines Herrn über den Mayer, welcher selbe bearbeitete, und dessen ganze Familie auszuüben. Zudem wurden dem Orden zu Jerusalem und zu Joppe Häusser, Mühlen, Waldungen, und Landstücke zugeeignet, welche Dinge ihm sammentlich von Balduin ausgezeiget, und hierüber das Eigenthumsrecht und Besitz dem Spital für immer bestättiget worden: Auch beweiset die von Patriarch Arnulf vorhin angeführte Urkunde, daß dieser Orden schon vor dem Jahr 1112. durch eine Cession, welche ihm von dem Clerus gemacht, und von besagten Arnulf bestättiget worden, die zum Patriarchat gehörige Zehenden im Besitz gehabt habe.

Alles dieses was bisher gesagt worden, beweiset zur Genüge, welch ein glänzender Ursprung schon die Entstehung dieser heiligen Ritterschaft verherrlichet, indeme es fast unglaublich, daß schon in den ersten Jahren der Stiftung sowohl die Fürsten und Eroberer von Jerusalem als der unter dem Patriarchat stehende Clerus mit so ungemeiner Freigebigkeit den Orden zu bereichern, beigetragen haben würden, wenn es nicht ein Werk von ausnehmender Wichtigkeit gewesen wäre, welches diesem

sem erst neu entstandenen und noch nicht wohl ver-
sicherten Reich, ja der ganzen Christenheit die häu-
figsten und beträchtlichsten Vortheile versprach.
Doch indeß da diese Ritterschaft zu Jerusalem
sich die allgemeine Zufriedenheit und ein so stand-
haftes Ansehen erworben hat, wollen wir beobach-
ten, wie selbe durch die übrigen Provinzen der
Christenheit so schnell verbreitet, und fortgepflan-
zet worden seie.

So bald der allunternehmende Geist Gerards
seinem Plan in Jerusalem ausgeführt sah, griff
sein Feuereifer weiter um sich; und wirklich die Gelegenheit, die sich ihm zu seinen Unternehmungen
darboth, war die schönste. Goffred und seine
Brüder von London giengen mit Robert von der
Normandie und andern adelichen Aengelländern die
heiligen Städte zu besuchen nach Jerusalem. Ihre Absicht war alldort mit reuigem und zerknirsch-
tem Herzen so viel als möglich gutes zu thun.
Sie wurden in dem St. Johannes Spital als
Pilger mit aller möglichen Liebe und Sorgfalt aufgenommen, und die Bewegungen ihrer Herzen ent-
sprachen alsobald der wohlthätigen Großmuth des
Stifters dieses Spitals, sie wolten nicht als un-
dankbare Gäste von hinnen ziehen, sondern schenkten das Clerkenvellische Gebäude zu dem Orden. a)
Stillingflet macht hier noch ein langes Verzeichniß
von Schlößern, Landgütern, Herrschaften, und
Kirchen, die im Aengelland dem Orden abgetretten worden, so, daß man diese Schankungen der
                                         Aengel-

---

a) Il Parone Giordano Prifet al tempo del Re En-
rico I. circa l'anno del Signore 1100 Fonda Lacafa, e
l'Ofpetale di S. Giovanni di Clerkenvel. Apud Mo-
naft. Angl. T. 1. p. 541.

Aengelländer als den reicheſten und großmüthigſten
Beitrag ſelbiger Zeit betrachten kann, Da aber dieſer Schriftſteller eines Theils eine ſehr ſchlechte
Chronologie hielt, und andern Theils ſeine hieher
gehörige Manuſcripte ſehr unvollſtändig ſind, können wir hir, ohne uns den Widerſprüchen des
einten oder des anderen Schriftſtellers auszuſetzen,
uns auf kein vollſtändiges Donationsregiſter beziehen; nur das iſt gewiß, das auch nach dem
Tode des ſeligen Gerhards dem Orden noch viele
Beſitzungen heimfielen.

Während in Eudon dieſer neue Zuwachs das
Anſehen und die Macht des Ordens erhöhete, vermehrten auch Gunzellin Graf von Zverin oder
Suerin, und ſein Bruder Heinrich den Reichthum
der Ritterſchaft. Sie räumten dem Spitale die
Herrſchaft Godin ſamt einer Kirche in dem Flecken Eklen ein, wie wir ſchon oben das Dona-
tionsinſtrument anführten.

Es ſind die Namen Zverin oder Schwerin
von zerſchiedenen Linien. Die einte Linie ſtammet
ab aus der Markgraffchaft Meckelburg in Nieder-
ſachſen, welche einmal dem Könige von Pohlen
zuſtunde, die andere Linie aber iſt von Meſien in
Dacien, ſo jenſeits der Donau, bei der trajani-
ſchen Brücke ſeinen Anfang nimmt, welche im La-
tein Severinum genannt wird, von welcher Benen-
nung vielleicht das Wort Sverin ſeinen Urſprung
haben mag.

Gleich das Jahr darauf entſtunde das eben
ſo berühmte als reiche Hoſpital zu Meſſina, welches ſowohl den Bilgern, die in das heilige Land
zogen, als dem Spital zu Jeruſalem ſelbſt ſo herrliche Dienſte that. Ruggiero Graf von Sicilien

G   ein

ein gutthätiger und eifriger Christ hör
den großmüthigen Orden der Hospital
auf dem Sterbebette seinen Sohn
und ihm nicht nur den Plan seiner
las, sondern sich auch die Bestätti
unter kindlichen Gehorsam zu beschw
Da wir nun aber eben vorher sch
Stiftung sprachen, so wollen wir hir
Worte des Dokuments selbsten über;

Eben so entstunde die Stiftung
Altenmünster: weil aber hierinnfalls
schreiber sich in gar zu grosse Wie
wickeln, so müssen wir die Sache scho
licher auseinander setzen. Falkenstein
ten Theile Kap. 8. S. 368. das He
von Stephaning und Burggraf zu S
sehr großmüthiger und religiöser He
Jerusalem eine Augenzeug der Verd
hanniterordens war, demselben die S
tenmünster an der Altmülle gelegen a
die Einkünfte derselben zu den Spital
vermacht habe. Aventin hingegen, i
ahmer Hundius a) behaupten das Alten
Jahre 1101. den Tempelherrn überl
später nachher, da diese vertrieben
Johannitern eingeräumet worden sei
hingegen begeht den Irrthum, daß e
schiedene Orden mit einander vermeng
müssen wir bedenken, wie sehr hir A
indem es bekannt ist, das man in de
von den Tempelherren noch nicht
wuste, und also einen Orden nicht be
te, der noch nicht einmal in der Einbill

---

a) Metrop. Salisb. Tit. 2. pag. 88.

Doch aber iſt die Meinung Gevolds nicht plater-
dings zu verwerfen, der die eigentliche Stiftung von
Altenmünſter in das Jahr 1155 verlegt, und Otto
den zweiten zum eigentlichen Stifter macht. Doch
ſeie ihm wie ihm wolle, ſo haben wir doch immer
Beweiſes genug, wie ſehr ſich die Guttthätigkeit
und ſchöne Thaten des Ordens vor der Welt müſſen
ausgezeichnet haben, da man ſo zu ſagen in allen
Provinzen, und faſt zu gleicher Zeit ſich beeiferte
ſeine Gröſſe zu unterſtützen, und ſeiner Gutthätigkeit neue Hilfsquellen zu verſchafen. Und wir können doch immer ohne all möglichen Wiederſpruch
feſtſetzen, das im Jahre 1101. die Brüder zu Altenmünſter von Heinrich I. Johanniter genannt,
und dem Hoſpital in Jeruſalem einverleibt worden.
Es iſt wahr, auch die Tempelherrn bekamen ſpäter
nachher ein eigenes Haus in Regensburg, welches
aber, da ſie ausgerottet wurden, den Johannitern
zugetheilt wurde, denen es auch bis auf die Refor-
mationszeiten in ruhigen Beſitze gelaſſen wurde.

Reimund Graf von St. Egid, und Graf von
Provence als er ſich in Tripolis feſtſetzte, und mit
ſeinen Bundsgenoſſen den Johannitern den Saracenern manche Schlappe verſetzt hatte, legte im
Jahre 1105. Währ und Waffen nieder, und war
nur darauf bedacht, das, was er von den Ungläubigen erfochten hatte, mit den Armen Jeſu Chriſti
zu theilen. Die Beſitzungen zu Montepellegrino
wurden dazu außerſehen, ein Spital der Johanniter zu geſtalten. Die beſten Zeugniſſe dieſer Stiftung haben wir aus einigen Papieren des Pontius,
dem Enkel des Reimundus, und aus einer Bulle
Calliſts des zweiten. Das übrige zur Sache ge-

hörige hörten wir schon oben bei dem Stiftungsdo=
kument.

In eben diesem Jahre 1105. erwarb sich auch
der Orden durch den Schimmer seiner Tugenden
und Verdienste das Spital in der Stadt Rasania,
und jenes zu Antiochia. Bömont dieser grosse, und
so berühmte Heersführer und Vertheidiger des hei=
ligen Landes, einer der grösten Gutthäter des Or=
dens trat den Rittern drei bei Antiochia gelegene
Flecken ab. Dieser Bömont ließ bei seiner Reise
nach Sirien den Taucret unter der Staatsadmi=
nistration zurücke. Die wichtigsten Stiftungsur=
kunden sind verlohren gegangen, doch hat man schon
seit dem Jahre 1111. zerschiedene Aufsätze, in wel=
chen von dieser Fundation Meldung gethan wird.

Der erste Ursprung der uralten Commende zu
Teopolis, oder Villedieu ist zwar in Rücksicht der
authentischen Urkunden, nicht auf das genaueste zu
berichtigen; doch aber fällt sie glaublich in das Jahr
1107. Duchesne, und Martinier geben Richard den
dritten König in Aengeland als den ersten Stifter
an; allein diese Nachrichten sind sehr unrichtig, und
mit der Chronologie der Fürsten und der Norman=
die wiedersprechend. Diese Geschichtschreiber ver=
mengen Richard den dritten mit Richard dem er=
sten, das Löwenherz genannt, der zu Ende des zwölf=
ten Jahrhunderts König von Aengeland, und der
vierte Richard als Herzog in der Normandie war.
Im achten Buche der normandischen Geschichte Kap.
32. S. 308. findet sich folgende Stelle die sich auf
diesen Richard den vierten beziehet: " Ich gebe noch
„ dem Spital zu Jerusalem einen gewissen in dem
„ Bezierke von Auranches gelegenen Strich Landes

„ in dem ſie, dieſe Diener Jeſu, Gott eine Stadt,
„ und den Armen einen Port anlegen können „.

Als die Brüder dieſes kriegeriſchen Johannes,
ordens in der 1109. ſo berühmten jeroſolemitaniſchen
Schlacht einen unſterblichen Namen ſich erworben
hatten, in jener Schlacht, die ſonderbar durch den
Garnerius, der nachmals ſich zum Meiſter von Cäſarea und Sidon gemacht hatte, berühmt geworden, wuſte dieſer Garnerius dem Orden der Johanniter ſeine Dankbarkeit nicht beſſer zu bezeigen,
als dadurch, das er in beſagten Cäſarea ein Spital errichtete. Dieſes geſchah um das Jahr 1109,
wo Balduin der zweite aus ſeiner Gefangenſchaft
hervorgezogen, und zum Könige von Jeruſalem erwählt wurde. Eines der wichtigſten Zeugniſſe dieſer
Stiftung iſt eine Handſchrift Gerards des Sohnes
dieſes Euſtachius Garnerius, in welcher vom Jahre
1131. folgende Stelle ſich findet. a) Noch ein anderes
Dokument von dem Jahr 1110. findet ſich unter
den Urkunden des Ordens, welches eigentlich der
Beſtättigungsbrief Balduins heiſſen mag.

Unter den Urkunden, die ſich noch von Balduin dem erſten vorfinden, iſt auch ein Brief, worinn er dem Orden für ihre wider die Saracener
geleiſtete Dienſte dankt, und ſie in dem Beſitze
von Joppe und Accaron beſtätigt, auch dem Bi-
ſchofe von Ramma groſſe Lobſprüche ertheilet,
daß er dieſes ſo verdienten Ordens mit ſo herrli-

G 3 	chen

_____

a) Conce dette Euſtachio mio padre al pre detto Os-
ſedale de poveri le caſe in Ceſarea con due Cortili, e il
dritto perpetuo di vendere e comprare in tutti i luoghi
li loro pertinenza, e diavere ſolas & quitas e ſuora di
Ceſarea un caſale, che ſi chiama Adelfia e colle ſue per-
inenze. Vide Cod. dip. Ger. t. I. n. XIII. pag. 14.

then Schankungen bedacht gewesen. Woraus sich
also die Lage jener Bezirke leicht abnehmen läßt,
die dem Orden zur Verbesserung des Spitals zu-
getheilet worden.

Im Jahre 1112 wurde die Stiftung eines
neuen Spitals zu Pisa von dem würdigen Erzbischof Dambertus errichtet. Dieser Bischof war
ein zärtlicher Freund und Verehrer des Gerardus,
und er flößte seinen Pisanern die höchste Hoch-
achtung gegen diesen um die Kirche so verdienten
Orden ein. Reiche Bürger schenkten Häuser oder
ansehnliche Summen her, um mit den Einkünften
derselben theils das Spital zu Jerusalem zu unterstützen, theils ihren eigenen Armen und Kranken zu Hilfe zu kommen. Und gewiß hatte der
Orden so einer Hilfe von außen höchstens nöthig, da die Einfälle der Saracenern seine Besitzungen in Orient oft sehr übel hernahmen, die
Pilger plünderten, und den Rittern selbst alles mögliche Leid anthaten. Ein Cathalog jener Schankungen, die dem Orden von dem Pisanern, und
sonderbar von dem oben benannten Erzbischoffe
gemacht wurden, findet sich in den historischen
Nachrichten von Pisa vom Jahre 1311. S. 273.

Vaissette erzählt in seiner Geschichte von Langue-
doc, wo er von der Bulle Pasquals des II Meldung thut, die umständliche Geschichte, wie der
Orden st. Gilles in der Gegend von Arles über-
kam, und behauptet, als wäre diese die erste Stiftung zu Gunsten der Johanniter in Occident gewesen. Wir wollen auch dieser Meinung ganz gern
beipflichten, da wir ja wissen, welche herrliche
Dienste die Franzosen bei der Eroberung des heiligen Landes thaten; wie zahlreich der Adel und

die Fürsten zu Jerusalem sich versamleten, von
da aus in kleinen gesellschaftlichen Caravan-
nen in dem weiten Orient herumstreiften, und den
Saracenern immer den gröstem Abbruch thaten.
Diese Meinung des Vaissette beköm̃t noch durch
ein anderes Manuscript neues Gewichte, welches
in dem Archive von St. Gilles sich befindet. Dem
ohngeachtet aber finden sich in den ältesten Doku-
menten des Ordens noch heut zu Tage Nach-
richtigen, die diese Cession Bergers des dritten von
der Provence, und Reimunds des vierten Grafen
von Toulouse auf das Jahr 1143, und 1150 hin-
ausschieben.

Um eben diese Zeit ward auch zu Asti in Pie-
mont ein neues Spital errichtet, obschon eben in
der Bulle Pasquals des zweiten keine Meldung gethan wird : die Ursache davon mag wohl sein,
weil dieses Spital im Anfange ausserhalb der Stadt
lag, und keine Kirche hatte, bis Anselm Bischof
von Asti den Hospitalern eine dem heiligen Grabe
gewidmete Kirche erbauen ließ. Erst der Nachfolger dieses Bischoffes Wilhelm schenkte den Hospitalern ein grosses Haus in der Stadt selbst, und
unterwarf sie dem Wilhelm Grofagnus Spitalmei-
ster von der Lombardie. Die Stiftuug fält zwar
in das Jahr 1112, allein von den eigentlichen
Schankungsurkunden können wir nichts weiter anführen, als was in dem Italia sacra Tom. 4.
Col. 370 gemeldet wird.

Unter den merkwürdigsten Stiftungen, die der
selige Gerard noch bei seinen Lebzeiten entstehen sah,
gehören vorzüglich die von Pari, Otranto, und
Taranto, als von welchem schon besagter Pasqual
in seiner Bulle vom Jahre 1113 Meldung

thut;

thut: denn ältere Urkunden haben wir für diese Commenden nicht. Diese drei Gasthäuser lagen zu Jerusalem in einer für die Bilgrime sehr bequemen Gegend, sonderbar für jene die von Messina herkammen. — Von den reichen Einkünften dieser Gasthäuser, und dem Zuschuß, der ihnen von allen Seiten her gethan wurde, haben wir schon von der Kaiserin Konstantia ein Diplom, worinn sie sich auf die Schankungen und Freiheiten beziehet, die theils ihr Vater Ruggiero König von Sicilien, theils ihr Gemahl der Kaiser in Sicilien und Calabrien, sonderbar aber in Otranto dem Orden verliehen hatte; eben darauf bezieht sich auch der diplomatische Coder von Jerusalem im ersten Titel Num. 185. S. 228. a)

Die Könige von Spanien, die um die Verbreitung des wahren Glaubens sowohl, als um die Armen selbst, deren sie sich bei selben bedrangten Zeiten beßtens annahmen höchstens verdient gemacht, blieben bei diesen herrlichen Beispielen, die ihnen in Unterstüzung dieses sowohl kriegerischen als wohlthätigen Ordens die Welt gab, nicht ungerührt, sondern errichteten zu Sevillia der Hauptstadt von Andalusien ein sehr reiches und prächtiges Spital. König Alfons VI. von Kastilien, und Lion, der samt seiner Gemahlin Isabella eine ungemeine Ehrfurcht gegen die geheilig-

a) Vogliano Ancora e Concediamo, che qualunque cosa per suffidio di terra santa, e per utilata della casa dell'Ospedale voramo estrarre dal nostro regno o per terra o per mare, ne abbiano la libera facolta in qualunque luogo vorranno, e senz alcun impedimento, e che le navi ricevano i pellegrini dell'Ospedale, e portandoli con loro di la dal mare, niffum Piloto domandi, o riceva da essi porzione alcuna di nolo per i pellagrini.

ligten Gegenden in Orient hegte, gieng in Jahre 1099 nach Jerusalem, wo er seinen Schwieger-
sohnReimund den Grafen von St.Egid antraf. Sie
bewunderten alldort nicht nur die Wohlthätigkeit
der Johanniter mit einem kalten Anstaunen, sondern die Franzosen, die, wie wirs schon oben
hörten zu selbiger Zeit die geschwornestenFein-
de der Unglaubigen waren, wurden durch die
Beispiele anderer Nationen nur noch mehr aufge-
weckt sich für das beste des Ordens zu interessiren.
Sie begnügten sich nicht mit der schönen Commende zu st. Gilles, sondern sie errichteten in der
Stadt Arles eine zweite und noch weit reichlicher
gestiftete Commende. Sie bekamen im Jahre 1117.
die St. Thomas Kirche, einen eigenen Prior, und
ein eigenes Spital. In dem diplomatischen Codex
des Ordens von Jerusalem finden sich alle zu dieser Stiftung gehörige Urkunden.

Vaissettes thut auch hier noch von der dritten
Commende Meldung, nemlich von jener zu Capestan bei Narbone, und setzt auch diese auf das
Jahr 1115, wobei er sich auf einige Papiere des
Hermenegard Romieu bezieht, die sich in dem Archive zu St. Johann in Touluse befinden sollen;
obschon einige Geschichtschreiber der Meinung waren als hätte diese Stiftung anfangs zu dem Tempelorden gehört, welcher Irrthum daher entstanden
sein mag, weil oberhalb der Kirchthüre dieses Spitals diese Worte stunden: Perpetuo sacri sepul-
cri cultui sacrum. Nicht anderst als wenn zu
selbigen Zeiten ausser den Tempelrittern das Grab
Christi Niemand verehret hatte. Wir thaten doch
schon öfters Meldung, daß sich die Johanniter bald
Ritter des heiligen Grabes, bald Tempelritter, bald

G 5   Hospi-

Hospitaler nannten, wie Paulus Paoli in seiner
Abhandlung vom Ursprunge der Johanniter Kap. 17.
S. 399. anmerkt.

Callist der zweite auf deſſen Bulle wir uns
schon öfters bezogen, ſetzt hier ſeiner Ordnung nach
die tripolitaniſche Cammende, und zwar auf das
Jahr 1117. die älteſten Dokumente die wir von
dieſer Stiftung haben, beziehen ſich ſchon auf das
Jahr 1118, und auf die Confirmation Paſquals
des zweiten, der ſelbem Spitale die herrlichſten Frei=
heiten verlieh. Die Biſchöffe Heribert und Pontius
machten ſich ſonderbar um den Orden verdient, be=
ſonders der letztere, der von Geburt ein Graf von
Tripolis war. Es hatte dieſes Spital die Ehre
ſeinen eigenen Prior zu haben, welches von der
gröſſe der Commende, und von der Reichhaltigkeit
ihrer Einkünfte genugſam zeuget.

Zu Turbaſcelli, einen ſehrfeſten Schloß in So=
ria, welches den Grafen von Edeſſa zu einem Zu=
fluchtsort diente, erwarb ſich der Orden das groſſe
Gotteshaus zu St. Roman ſamt einem dazu ge=
hörigen anſehnlichen Gebäude, welches in einer von
den Grafen zu Edeſſa an dem Orden ausgefertigten
Urkunde, wodurch dieſe Schankung beſtättiget wur=
de, klar erhellet. Dieſe Beſitzung zu Turbaſcelli
wurde durch die Großmuth des Joſcellirrus, eines Groß=
vaters des Grafen zu Edeſſa ungemein vermehrt.
Indes iſt es ſicher daß Joſcelinus der groſſe bis zu Ende
des 1131. Jahres gelebt, und daß zu der Zeit, wo Ger=
ardus Vorſteher des Ordens war, und vielleicht
auch in den nachfolgenden Jahren, wo Reimundus
zu dieſer Würde gelangte, die Ritter zu Turbaſcel=
li

li Johanniter genannt wurden, obschon wir, wenn
wir der Geschichte hierinn trauen wollen, billiger
das zwanzigste Jahr der Regierung ihres Stifters
zum wahren Zeitpunct dieser entstandenen Ritterschaft bestimmen können.

Nach dem Tod Balduinus I. Königs zu Jerusalem im Jahre 1118. vergaß Joscelinus die alte
Feindschaft, welche seit lange zwischen ihm und Balduino del Borgo damaligen Grafen zu Edessa,
herschte, und arbeitete selbst daran diesen letztern zur
Regierung dieser heiligen Stadt zu erheben, worinn
es ihm auch glücklich gelang.   Zur Erkännt-
lichkeit der guten Dienste, welche bei dieser Gelegenheit Joscelinus Balduin dem zweiten dieses Namens erwiesen, beschenkte ihn letzterer mit der ganzen Grafschaft vor Edessa, samt allen dazugehöri-
gen Grundstücken und Festungen worunter auch Tur-
bascelli war.   Seit der Zeit als Joscelinus von
Jerusalem abgereiset, war seine ganze Lebensdauer,
von 1118. bis 1131, nichts als eine immerwäh-
rende Reihe von Unglücksfällen, indem er nachher von den Türken gefangen, und in einer langwierigen Sclaveri unter dem Sultan zu Alepo herum-
geschleppt wurde.   Dieses vorausgesetzt so könnten
damals diese Ritter in seinen Staaten nicht Brüder des Spitals, Hospitaler, ausser etwa in dem
nämlichen Jahre 1118. wo es ihnen der neue König von Jerusalem abgetretten, genannt worden
sein, um so weniger als sein Sohn, da er von dieser Schankung spricht, behauptet, daß sie erst von
Balduino den zweiten gut geheissen, und bestättiget
worden, welches beweißt, daß es den Rittern erst
damals, wo Joscelinus von Jerusalem abgereißt,
zugefallen seie.   Vielleicht auch hatte diese mit Ein-
vew

verſtändniß des Balduinus getrofene Entſtehung dieſer heiligen Ritterſchaft, an deſſen Muth und Tapferkeit ſowohl, als an der gegen den Nächſten be-
zeigten Menſchenliebe und unerminдеten Eifer zu Beförderung der Religion die Hauptſtadt von Pale-
ſtina die kräftigſte Schutzwehr wider die Unglaubigen gefunden, nichts anders zu ihrem Endzweck als
ſich die Regierung dieſes neuen Staats vollkommen
zu verſichern, und ihrer Frſtung Turbaſcelli eine
hinlängliche Vertheidigung zu verſchafen.

Neben dieſen bisher angemerkten Stiftungen
die alle noch bei Gerhard Zeiten zum Behufe des
Hoſpitals gemacht worden, ſind noch ſehr viele andere übrig, die theils älter, theils neuer ſind, von
vielen andern aber giengen während den ſo vieler-
lei Kriegen und Blünderungen die Urkunden verlohren, und man muß ſich theils an den diplomatiſchen
Codex von Jeruſalem, theils an die particular Annalen ieder Provinz halten, die von den Stiftungen und Donationen, die zu Gunſten des Ordens
gemacht wurden, handeln. Von dieſer Art ſind die
Fundationen die zu Ptolemais, zu Alexandria, zu
Bethlehem, Crato und Margato gemacht worden.
Ingleicher Dunkelheit ihrer Entſtehung befinden ſich
die Commenden in Goßlarn, Marſeille, Laodicea,
Tortoſa, Ramata, Gand, und Geldern. Nur
Leukfeld und Heinetz thun hin und wieder von dieſen Stiftungen Meldung: Doch iſt gewis, das alle
dieſe bisher errichtete Spitäler bis auf das Jahr
1120. ſchon in ihrem beſten Flor ſtunden.

Da wir nun aus dieſem bisher erzählten theils
den Eifer ſelbiger Chriſten, theils die Verdienſte der
Ritterſchaft genugſam erkennen mögen, ſo wollen
wir

wir auf andere Urkunden unſer Augenmerk heften, die uns mit der ſtrengen Verfaſſung der erſten Or denſregeln, mit dem Eifer, der Demuth, und ſpar ſamen Lebensart der Hoſpitaler bekannt machen.

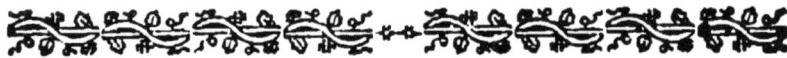

Vierzehntes Kapitel.

Von einigen Verordnungen des Groß meiſters Reimundus von Podio.

Ceſte eſt la conſtitu-
tion trovee par frere
Raimont.

Au nom de Deu Je Raimont ſerf des pauvres de Criſt et Gar-de de loſpital de Jeruſa-lem dou Conſeil de tout le chapiſtre clers et les freres, ai eſtabli ces Commandemenz en la maiſon de loſpital de Jeruſalem.

Comment les freres
doivent faire lor por-
feſſion.

1. En primes co-mans, que touz les fre-

Dieſe iſt die Verord nung des Bruder Rei munds.

In Namen Gottes! Ich Reimund ein Die ner der Armen Chriſti, und Hüter des Spitals zu Jeruſalem, ſamt dem ganzen Kapitel der Prie ſter und Laienbrüder ver ordnete für das Spital zu Jeruſalem.

Von der Profeſſion der Bruder.

1. Befehle ich, daß alle Brüder die ſich dem Dien

res au servise des pauv-
res venaus tiegnent III.
chofes au layde de Deu
lefqueles font promiſes
aDeu eſt a ſavoi chaſte-
te,& hobedience,ce eſt
quelconque choſe eſt
Comandee a eaus de lor
maiſtres, & vivre ſans
propre, quar Deu re-
quira ces III. choſes
deaus au darrain juge-
ment.

Quel choſe les freres doivent demander de cette.

2. Et ne demandent
plus de cette, ſe non le
pain & laigue la veſte-
hure les quelz choſes
font promiſes a eaus, &
la vehesture ſoit humb-
le, quar les povres de
noſtre Seignor deſquels
nos confeſſons eſtre ſerf
vont nuz, & ozz & lai-
de choſe eſt au ſerf que
il ſoir orgueillaus & ſon
Seignor ſoit humble.

Dienſte der Armen wid-
men mit Gotteshilfe die-
ſe drei Puncten heilig
halten ſollen; nemlich ſie
ſollen keuſch, in allen was
von ihren Meiſtern ihnen
befohlen wird, gehorſam,
uud gänzlich ohne eini-
gen Eigenthum ſein; denn
der Herr wird bei den letzten Gerichtstage dieſe drei
Tugenden von ihnen for-
dern.

Was für Dinge die Brüder von dem Orden entgegen zu fordern haben.

2. Sie ſollen nicht mehr
begehren als Brod, Waſ-
ſer, und ein Kleid, denn
nur ſo viel wird ihnen ver-
ſprochen. Ihr Kleid ſoll
ſehr einfach ſein, denn die
Arme des Herrn, deren
Diener wir uns zu ſein
bekennen, gehen nackend;
es ſchickte ſich nicht,
wenn der Diener ſtolz,
und der Herr demüthig
wäre.

De

De loneſte de freres & dou ſerviſe deslgliſes & de la recepcion des malades.

3. A certes eſtablie Choſe eſt que lor ale-hure ſoit honeſte en ligliſe & la converſacion ſoit covenable, ceſt a-fain que les clers dia-ques & ſoudiaques ſer-vent au preſtre a laut-ter en blans veſtimens a viſiter les malades en portant religiouſement le cors de noſtre Seig-nor & le diaque ou le ſoudiaque ou aumains acolyte voiſe devant portant la lanterne au-euc chandoile alumee & leſponge aueuc lai-gue benoite &c.

Von der Anſtändig-keit, Kirchen, Dienſt und der Aufnahme der Kranken.

3. Es ſeie ein für alle-mal allen Brüdern einge-ſchärft, daß ſie auf dem Kirchgange ſitſam, und in ihren Umgange ſtille und beſcheiden ſich betragen ſollen. Die Geiſtlichen, Diaconen, und Sub-Diaconen ſollen in weiſſen Kleidern zu Altar dienen; dieſen Dienſt ſoll allzeit noch ein anderer Clericus verrichten, Tag und Nacht das Licht in der Kirche be-ſorgen, ſo, wie auch ein Prieſter die Kranken nie anderſt, als im Korrocke beſuchen ſoll, ſonderbar wenn er ihnen das Abend-mal reicht, wobei allzeit ein Diacon, ein Subdicon, und ein Acolytus dabei ſein ſollen, die eine brennende Laterne, das Weihwaſſer, und einen Weihwädel mittragen ſollen.

Wie

Wie die Brüder auſſer dem Hauſe ſich betragen ſollen.

4. Wenn die Brüder über die Straſſe gehen, ſo ſollen ſie nie einzeln, ſondern je zween oder drei miteinander gehen, ſie ſollen ſich auch nicht nach ihren Belieben die Gefährden ausſuchen, ſondern jene annehmen, die ihnen ihr Meiſter mit giebt; ſo ſollen ſie auch allzeit gleich gekleidet ſein, und ſich wohl hüten, nur im geringſten Schritt ihrem Stand oder ihrer Aufführung Unehre zu machen, in der Kirche oder zu Hauſe, oder in einem andern Ort, wo zufälliger Weiſe Weiber ſich befinden ſollen ſie ſich ſehr in acht nehmen, ſie zu frei anzuſehen: noch vielweniger ſollen ſie ſich mit ihnen baden, oder von ſelben das Bett machen laſſen a): Unſer Herr der über ſeine Heilige wacht, mag ſie bewahren.

Wie ſie Almoſen ſammeln ſollen.

5. Sowohl die Geiſtlichen, als die Laienbrüder ſollen im Nothfall für ihre Arme um Almoſen ausgehen, und in fremden Häuſern, (aber nur bei rechtſchafenen Leuten) ſich nie mehr, als Fleiſch geben laſſen, denn, um zu leben, reicht ſelbes immer zu.

Von dem Almoſen ſelbſt, und ſeiner Beſtimmung.

6. So ſollen auch die Samler von dem eingebrachten nicht das geringſte für ſich behalten, ſon-

---

a) - - - - ne femmes lavent lor teſtes, ne lor pies, ne facent lor liz, noſtre ſires qui habite es ſiens ſains es garde en ceſte maniere.

sondern alles samt einem schriftlichen Verzeichniß
an ihrem Meister überschicken, der den dritten Theil
davon für sich behalten, das übrige aber samt einer Bescheinung weiters nach Jerusalem zu versenden hat.

Wie die Brüder auf Reisen sich zu verhal-
ten haben.

7. Wenn einige von den Brüdern, um zu
predigen, oder Almosen zu sammeln auf das Land
gehen, so sollen sie ja niemal einen andern Weg
nehmen, als den, welchen ihnen der Großmeister
vorschrieb. Wo man sie aufnimmt, sollen sie sich
mit einer einzigen Fleischspeise begnügen, überall
ein Licht mit sich führen, und selbes wo sie immer
sind vor sich brennen lassen.

Von der Kost und Kleidung.

8. Wir verbiethen auch unsern Brüdern sei-
dene Kleider, kostbare Pelze, oder Federn zu tragen, noch des Tags öfters als zweimal zu essen.
Am Mitwoche und Samstage sollen sie sich, wie
die ganze Fasten hindurch von Fleische enthalten,
auch nicht anderst als mit einem leinernen, oder
wollenen ehrbaren Kleide bedeckt sich schlafen legen.

Von Beilegung der Zwistigkeiten unter den
Brüdern.

9. Wenn einer aus den Brüdern a) ein Geschrei, Gepolter, oder wohlgar eine Schlägerei
H aufan-

---

a) Es ist hier nicht zu vergessen, daß diese ganze
Constitution nur für die Servienten, keineswegs aber
aber für die Herren Ritter gemacht seie.

anfangen folte, fo hat man ihm dieſe Strafe aufzu=
legen: Er ſoll eine ganze Woche hindurch ohne
Tiſch und Dellertuch auf dem Boden eſſen, am
Mittwoch und Samſtag aber nichts weiter als zwei
Mark Brods, und eine Kanne Waſſer kriegen.
Der ſo einen andern ſchlägt ſoll dieſe Buße 40
Tage lang ausſtehen. So ſoll es auch mit einem
ſolchen gehalten werden, der ohne Erlaubniß ſeines Meiſters, dem er ſich doch freiwillig unterwarf,
aus dem Hauſe geht, es wäre denn, das ſeine
Abweſenheit von dem Spitale ſo lange gewähret
hätte, daß das Ordenskapitel gezwungen wäre den
Uebertreter eine ſchwerere Strafe aufzulegen. Auch
ſollen die Brüder nach dem Rath des Apoſtels in
der Stille ihr Mittagmal einnehmen, und nicht
mehr trinken, als ſie bedürftig ſind, noch viel
minder wenn ſie zu Bette gehen, noch mit einander plaudern.

Von den Zügelloſen Brüdern.

10. Wenn ein oder der andere ſeines üblen
Betragens wegen ſchon öfters ermahnt, oder wohl
gar ſchon um des nemlichen Verbrechenswillen zwei
oder dreimal beſtraft worden, ohne das eine Beſſe-
rung erfolgt wäre, ſo ſoll man ihn mit einer
Schrift, die die Natur ſeines Verbrechens enthält, ſamt ſeiner höchſtnöthigen Reiſenothdurft zu
uns herſchicken, wo er dann von dem Großmeiſter
mit einer ſeinem Seelenheil angemeſſener Strafe
belegt werden ſoll, da es unſer ernſter Wille iſt,
in allem gerecht, und fürſichtig zu Werke zu
gehen.

Von

Von jenen Brüdern, die etwas eigenthümliches besitzen.

11. Findet man bei einem der Brüder entweders bei seinem Lebzeiten oder nach seinem Tode ein verstecktes Eigenthum, so soll man selbem im ersten Falle das verborgene Geld an den Hals hängen, das Ordenskleid ausziehen, und selben die schon oben angemerkte 40 Tag lange Fasten halten lassen; hätte man aber diesen Geitz und Ungehorsam erst nach seinem Tode entdeckt, so sollen ihm die Brüder mit Ruthen schlagen, und nackend begraben.

Von den Exequien für die verstorbene Brüder.

12. Wenn, wie es das unausbleibliche Menschen Loos mit sich bringet, einer aus den Brüdern stirbt, so sollen dreissig Messen für seine Seele gehalten werden, und bei der ersten Messe soll jeder Bruder eine Wachskerze, und einen Pfenning opfern, welches Opfer nachher unter die Armen zu vertheilen ist. Ist der Priester so die Messe liest, nicht aus dem Spitale, so soll der Meister des verstorbenen Bruders denselben die 30 Tage hindurch bewirthen: die Priester des Ordens sollen jeder einmal die Tagzeiten für ihn bethen die Laien aber anstatt derselben C L Vater unser.

Wie die Kranken aufgenommen, und bedienet werden sollen.

13. Wir befehlen auch in Kraft eueres unschuldigen Gehorsames, daß ihr einen Kranken, der sich bei euch meldet alsogleich und mit gutem

Herzen aufnehmen sollt. Es muß ihm alsogleich ein Priester zugegeben werden, dem derselbe vor allen reumüthig beichten, und das Abendmahl aus seinen Händen empfangen kann. Die Brüder sollen in allwegen die Kranke als ihre Herren ansehen und bedienen, und nie zu Tische gehen, bis sie erst selbe mit guten und gesunden Speisen erquicket haben. Alle Sonntage soll ein Diacon in jeder Krankenstube die Epistel und das Evangelium singen, die gehörige Auslegung darüber machen, und ihnen das Weihwasser geben. Wenn aber einer dieser Kranken, so in dem Spitale gesund geworden, so arm sein solte, daß seiner Armuth wegen, wenn er das Spital verlassen, eine zweite Krankheit zu besorgen wäre, so soll man ihm nach dem Vermögen der Spital Kassa, und der Bescheidenheit des Spitalmeisters einige Pfenninge zur Zehrung mit geben. Sterben aber derselben einige, so soll man ihre Kleider, wenn ihre Krankheit nicht ansteckend war, den Armen austheilen.

Wie ein Bruder den andern bestrafen soll.

14. In Communitäten wo mehrere Brüder beisammen leben, und einer an dem andern sträfliche Unarten entdeckt, soll derselbe seines Bruders Namen schonen, und nicht gleich mit der Klage den Prior oder den Großmeister belaufen, sondern sich selbst den Muth nehmen, und ihn nach der Lehre des Evangeliums zu recht weisen. Will er sich aber nicht bessern, so soll er erst zween oder drei andere Brüder zu sich nehmen, und ihn freundschaftlich beschämen. Wenn er sich durch diese Warnung gebessert hat, so soll alles vergessen sein; wiedrigenfalls aber die Sache an dem Prior nach

Maaß

Maaß der Verbrechen wohl gar an das Kapitel, oder an dem Großmeister berichtet werden. Auch soll kein Bruder den andern anklagen, ohne seiner Beweise gewiß zu sein, oder er ist nicht als ein Bruder anzusehen.

Die Brüder sollen nirgends ohne ihrem Ordenskreuz erscheinen; alle diejenigen die ihren Gehorsam Gott und dem Orden zu Jerusalem geschworen, sollen immer zur Ehre Gottes und des heiligen Kreuzes auf ihren Kleidern und Mänteln das Ordenskreuz tragen, welches sie erinnern soll, was sie Gott, der Christenheit und den Armen schuldig seien, und damit Gott in Rücksicht dieser Demuth die Seelen ihrer Gutthäter itzt und in dem zukünftigen Leben bewachen möge Amen.

Alle diese bisher erzählte und auf das schärfeste uns eingeprägte Punkte, alle diese deine ganze Verordnung würdiger Roger vielgeliebter Sohn! die du in deinem Kapitel zum besten der Armen und Kranken festgesetzt, und nicht der mindesten Kleinigkeit in Rücksicht der Speisen, des Getränkes, oder der Diäte vergessen hast, soll uns zu ewigen Zeiten heilig, und unter keinem Vorwand ausser acht zusetzen erlaubet sein. Wir ertheilen allen jenen Brüdern; die diese unsere Constitutionen auf das unverbrächlichste halten eben so gerne unseren besten Segen, als wir denen, welche denselben zuwider handeln, Gottes strengste Gerichte androhen.

Theotin von Port   Bruder Reimundus.
Bischof zu St. Rufin.   Lucius Bischof von
Heinrich Bisch von   Jerusalem. a)
Albanien, mit 17 anderen Bischöffen des heiligen Landes.

Diese

a) Der nachmalige Papst.

Diese sowohl dem vortreflichen Herzen des
Reimundus, als seinem mit so vieler Vorsicht er-
leuchteten Verstande so sehr Ehre und Unsterblich-
keit gewährende Constitution wurde von dem Pabste Paschal dem zweiten nicht nur allein mit einer
vortreflichen Bestätigungsbulle unterstützt a), sondern

---

a) Die Bulle selbst findet sich in dem diplomatischen
Coder, und lautet also: ℔

Paschalis Episcopus servus servorum Dei venerabili
filio Geraudo institutori, ac Præposito Hierosolomytani
Xenodochii ejusque legitimis successoribus in perpetuum. Pid postulatio voluntatis effecta debet pro se-
quento compleri postulavit siquidem dilectio tua Xeno-
chium quod in civitate Hierusalem juxta beati Petri Apo-
stoli patrocinio consoveri. Nos itaque piis hospitalita-
tis tuæ studiis delectati petitionem tuam paterna benig-
nitate suscipimus, & illam Dei domum illud Xenodochium, & sub Apostolicæ sedis tutela, & beati Petri
protectione persistere decreti præsentis auctoritate sancimus. Omnia ergo, quæ ad sustentandas peregrinorum,
& pauperum necessitates vel in Hierosolomytanæ Ecclesiæ vel aliarum Ecclesiarum parrochiis & civitatum terri-
toriis per tuæ sollicitudinis instantiam eidem Xenodochio
acquisita, vel a quibuslibet fidelibus viris oblata sunt,
aut in futurum largiente Deo offerri, vel aliis justis
modis acquiri contigerit, quæque a venerabilibus fratribus Hierosolomytanæ Ecclesiæ Episcopis concessa sunt
tam tibi quam successoribus tuis, & fratribus peregrinorum illic curam gerentibus quieta semper, & integra
conservari præcipimus. Sanne fructuum vestrorum de-
cimas, quos ubilibet vestris sumptibus laboribusque col-
ligitis præter episcoporum vel episcopalium ministrorum
contradictionem Xenodochio vestro habendas possiden-
dasque sancimus. Donationes etiam, qnas religiosi
principes de tributis seu vectigalibus suis eidem Xenodochio deliberaverunt, ratas haberi decernimus. Obe-
unte de nunc ejus loci provisore atque præposito, nullus
ibi

dern auch die übrige ganze Christenheit, die bisher bei den Riesenschritten, die der Orden zum Wohl der Menschen sowohl, als zum Aufnahme des wahren Glaubens machte, zu den glänzendsten, und vortreflichsten Veranstaltungen zum besten des Spitals zu Jerusalem, und seiner Kranken ange-
H 4 feuert.

---

ibi qualibet ſurreptionis aſtutia ſeu violentia præponatur, niſi quem fratres ibidem profeſſi ſecundum Deum pro-viderint eligendum. Præterea honores omnes ſive poſ-ſeſſiones, qnas idem Xenadochium ultra ſeu citra mare in Aſia videlicet vel in Europa aut in præſenti habet, aut in futurum largiente Domino poterit adipiſci tam tibi quam ſucceſſoribus tuis hoſpitalitatis pro ſtudio im-minentibus, & per vos eidem Xenodochio in perpetuum confirmamus. Ad hæc adiicientes decernimus, ut nulli omnino hominum liceat idem Xenodochium temere per-turbare, aut ejus poſſeſſiones auferre, vel ablatas re-tinere, minuere, vel temerariis vexationibus fatigare. Sed omnia integra conſerventur eorum, pro quarum ſuſtentatione, gubernatione conceſſa ſunt uſibus omni-modis profutura. Sane Xenodochia ſive Ptochia, in occidentis partibus penes Burgum S. Ægidii Aſten. Piſani. Barum, Ydrontum, Tarentum, Meſſanam, Hieroſolomi-tani nominis titulo celebrata in tua, & ſucceſſorum tuo-rum ſubjectione ac diſpoſitione, ſicut hodie ſunt, in per-petuum manere ſtatuimus. Si qua igitur in futurum ec-cleſiaſtica quælibet ſecularisve perſona hanc noſtræ con-ſtitutionis paginam ſciens contra eam temere - - - tenta-verit, ſecundo tertiove commonita ſi non ſatisfactione congrua emendaverit, poteſtatis honorisque ſui dignitate careat, reamque ſe divino judicio exiſtere de perpetrata inquietate cognoſcat, & a ſacratiſſimo corpore, & ſan-guine Dei & Domini Redemptoris noſtri Jeſu Chriſti alie-na fiat, atque in extremo examine diſtrictæ ultioni ſub-jaceat. Cunctis autem eidem loco juſta ſervantibus ſit pax Demini noſtri Jeſu Chriſti, quatenus, & hi fructum bonæ actionis percipiant, & apud diſtrictum judicem præmia externæ pacis inveniant. Amen.

feuert. Es erregten zwar sowohl die Tempelherren als die teutschen Ritter mancherlei Streitigkei-
ten gegen die Hospitäler; welche aber ihrer guten
Thaten, und des Beifalls der übrigen Welt gewiß meistentheils ihre Sache entweders durch be-
scheidenes Schweigen rechtfertigten, oder selbe dem
Pabste anheim stelten, wie es sonderbar bei jenen ver-
drüßlichen Händeln gieng, die sie mit dem Patriarchen von Jerusalem, wovon wir schon oben
Meldung thaten, und mit Wilhelm dem Bischoffe
von Tirus hatten, welche beede mit einem Anhang
mehrerer Bischöffe aus Pallästina und Natolien
den Orden auf das niederträchtigste verleumdeten,
und selbst die erwießneste Freiheiten und Rechte dieser Ritterschaft anfochten.

Funfzehendes Kapitel.

Von dem Vaterlande und der Geburt des seligen Gerardus.

Hier will ich es unternehmen in der Dunkelheit
des entferntesten Alterthums die Nachrichten
zu sammlen, welche uns die Geburt und die Geschichte dieses grossen Stifters, welchem die Kirche
die Entstehung eines zu ihrer Beförderung so rühmlich streittenden Orden zu danken hat, etwas näher
bestimmen.

Man findet in der jerusalemitanischen Geschichte in Rücksicht auf den Geburtsort, und die

Fami-

Familie dieſes berühmten Mannes eine ſo groſſe
Zerſchiedenheit von Meinungen, das man billig
Bedenken tragen muß überzeugende Beweiſe daraus herzuholen, indem ſich darinnen bald Jta-
lien, bald Frankreich, bald Sirien, die Ehre zueignen will, ſein Vaterland zu ſein. Wir
wollen die ſchwachen Gründe, worauf jedes dieſer
Länder ihre Beweiſe ſtützet, unterſuchen, und ſehen, welches aus ihnen am meiſten Glauben ver-
dienet.

Die Geſchichte von den dreien Ritterorden
behauptet das Gerardus ein mechaniſches Gewer-
be trieb, jene vom Petrus dem Saracener das er
Biſchof war, und Ludwig Torelli, weil dieſer Orden unter der Regel des heiligen Auguſtins lebte
gab als eine unlaugbare Gewisheit an, das der
Stifter ein Auguſtiner geweſen. Die Geſchichtſchreiber in Orient zu Cezana, und zu Kaſanate
wandten alle ihre Geiſteskräften an, zubeweiſen,
daß er zur Zeit, als er dieſe Stiftungen unternahm, Karmeliter geweſen, ungeachtet die ganze
Geſchichte jener Zeiten, und alle Urkunden des Ordens dieſer Marnung offenbar wiederſprechen, um
ſo mehr, als dadurch daß die Kirche und das Spital nicht den Benedictinern, ſondern den Karmeli-
tern zur Verwahrnng anvertrauet war, und daß
Gerardus bis auf das 1166. lebte, (worauf ſie
den Beweiſe ihrer Meinungen gründen) nicht der
mindeſte Zuſammenhang mit den hierausgezogenen
Folgen, und folglich nicht der mindeſte Grund zur
Wahrſcheinlichkeit zu finden iſt.

Die gemeinſte Meinung und welche in Vergleichung mit anderen von den gelehrteſten Geſchicht-
ſchreibern als die wahrſcheinlichſte angegeben wird,

H 5   iſt

ist jene, daß Gerardus ein Laienbruder des Bene-
dictinerordens von der lateinischen Kirche und Spital zu Jerusalem gewesen, welches mit dem schon
für richtig angenommenen Satz, daß dieser adeliche
Orden von der oben benannten Kirche und Spital
herstamme, am füglichsten vereinbaret werden kann.
Uebrigens ist auch leicht zu vermuthen, daß ein
Laienbruder, welchen man für tüchtig genug erfun-
den hat, ihn zum Vorsteher über die Armen zu er-
wählen, und ihn die Verwaltung des Krankenhau-
ses, welches ein Eigenthum der regulirten Priester
war, anzutrauen, endlich in ihre Ordensgemein-
schaft zugelassen, und in ihren Habit eingekleidet
worden. Diese Muthmassung allein kann zum Grunde der oben gemeldten Meinung dienen, und hat
sich auch schon seit mehreren Jahrhunderten des Beifalls der mehresten Geschichtschreiber würdig gemacht.
Wir haben schon an einem andern Orte gemeldet,
daß diese Rittergesellschaft nicht die mindeste Gemeinschaft mit den Mönchen der lateinischen Kirche
gehabt, noch auf irgend eine Art mit selben in Verbindung gekommen; indem damals, wo sich die
Kreuzherren in Palästina niedergelassen, und der
Orden seinen Anfang genommen, weder die Mönche noch ihr Spital auf festen Fusse gestanden, wodurch sich also die entgegenstreitenden Meinungen
von selbst zernichten.

In der angenommenen Muthmassung also, daß
Gerardus ein Spitalbruder von der lateinischen Kirche gewesen, fahren die Geschichtschreiber fort sein
Vaterland aufzusuchen. Einige, vielleicht blos durch
falsche Vorbegrife geleitet, geben Scalea, eine un-
weit Amalfi im Königreiche Neapel gelegene Stadt
für seinen Geburtsort an: weil die Amalfitaner diesen

sen heiligen Ort sammt einigen italiänischen Ordens:
geistlichen von Montecasino gestiftet, und bis auf
selbige Zeiten die Verwaltung darüber geführt haben
sollen. Andere im Gegentheile, weit entfernet die=
ser eben nicht übel gegründeten Meinung beizupflich=
ten, behaupten, daß Gerardus in Frankreich und
zwar in der Provence gebohren seie. Indes, da
es beeden diesen Meinungen an hinlänglichen Be=
weisen mangelt, bleibt uns die Wahrheit noch im=
mer dunkel und unentschieden, besonders da im
zweiten Falle schwer zu begreiffen ist, wie man wohl
zur Verwaltung eines Hauses und Spitals, wel=
ches den selbst eignen Geständniß der letztern gemäß,
von Italiänern gestiftet, von Italiänern fortgesetzt,
und von italiänischen Ordensgeistlichen bewohnt und
regieret worden, einen Franzosen zugelassen hätte,
welchen sowohl die Zerschiedenheit des Nationalka=
rakters als der Sprache viele Schwierigkeiten er=
weckt haben würde. Zudem, obschon die Geschichte
einige Meldung macht, daß zu den Zeiten vor den
ersten Kreuzzuge viele Inwohner der Provence nach
Sirien gewandert, worunter man also einen zur
Verwaltung des Spitals von der lateinischen Kir=
che zurückbehalten zu haben vorgiebt, so ist doch im
Gegentheile ungleich gewisser, daß die Amalfita=
ner den wichtigsten Handel in Sirien trieben, und
dieses Land in solcher Anzahl bewohnten, daß gan=
ze Gegenden, wo sich lauter Einwohner von ihrer
Nation befanden, den Namen von ihnen herbekom=
men, ohne die ungeheure Menge von Amalfitanern
zu melden, welche mit Bömond und Tankredi zu
den orientalischen Feldzügen, welche vor der Erobe=
rung von Jerusalem unternommen worden, fortge=
wandert sind; lauter Dinge, welche von den Pro=
ven=

vencern keineswegs behauptet werden können, wodurch also die zweite dieser Meinungen in Vergleich
mit der erstern ungleich weniger Glauben zu verdienen scheint, ungeachtet viele Schriftsteller ihr das
Wort sprechen, und zu ihrer Rechtfertigung anführen, daß, als der Orden zu Jerusalem in
seine Provinzen oder sogenannte Zungen eingetheilet
worden, die Zunge von Provence unter allen am
ersten gestanden, und folglich zu vermuthen ist, daß
der Stifter aus dieser Provinz gebürtig gewesen;
sie setzen bei, daß da ihm einige alte Geschichtschreiber immer den Titel des französischen Ritters
beigelegt, sie selben klar als einen gebohrnen Franzosen erkennet haben. Alle diese Muthmaffungen
haben zwar eine scheinbare Glaubwürdigkeit, doch,
wenn man sie mit gründlicher Ueberlegung unter-
sucht, so sind sie noch bei weitem nicht hinreichend
genug uns von der Wahrheit zu überzeugen, indem
die Eintheilung in Zungen nicht ursprünglich mit
dem Orden entstanden, sondern erst mehrere Jahre
nach dem Tode des Stifters ihren Anfang genommen. Bei so glücklicher Verbreitung dieser Rittergesellschaft war der Vorsteher bedacht zur Berichtigung der Angelegenheiten des Ordens sich mehrere Räthe an die Seite zu setzen und die ersten und
wichtigsten Aemter unter sie zu vertheilen. In Folge der Zeit verfiel man auf den Entwurf die verschiedenen Nationen in eben so viele Zungen einzu-
theilen, welches auch von Zeit zu Zeit völlig zu
Stande gebracht, und endlich in jeder Zunge eine
Haupt Commende errichtet worden.

Die stuffenweise Erhebung der Zungen war
eine Folge der verschiedenen hohen Aemter, welche
mit selben verbunden waren, und weil damals die
                                              Wür-

Würde des Großkommenthurs welche die erste am
Range war, an die Zunge von Provence gekommen, so ist leicht einzusehen, warum diese der Ordnung nach am ersten vor allen übrigen gestanden;
doch hatte es mit dieser Würde nicht zu allen Zeiten die nämliche Bewandniß: denn in den Urkunden
des zu Margat gehaltenen Generalkapitels bis auf
das Großmeisterthum des Alfonsus von Portogal-
lo ließt man, daß der Großkommenthur bald
in dem Spital, bald anderwärts gelebet,
und bald mehr bald weniger Gewalt gehabt, nämlich nach Maß der Einverständniß
und der Gesinnungen des Meisters und des
Generalkapitels. Da über dieses diejenigen,
welche diese erste Würde bekleideten, bei weitem
nicht immer aus Einwohnern der Provence, sondern bald aus dieser bald aus jener Nation ge-
wählet worden, worunter von den ersten einer Ruggiero de Moulins unter dem damals gewöhnlichen
Namen eines Großgebieters, welcher nachmals
zum Großmeisterthum erhoben worden, gewesen,
so kann man schon von diesem Zeitpunkt, welcher
den Zeiten des Stifters am nächsten ist, auf die
Schwäche des Beweißes derjenigen schliessen, welche den Stifter in der Zunge von Provence gebürtig zu seyn vorgeben. Die Schriftsteller, welche
von den Vertheidigern dieser Meinung zu ihrer Be-
stärkung angeführet werden, sind der entgegenge-
setzten, daß der Stifter Gerardus aus der Nation
der Amalfitaner gewesen, eben so günstig: Die
Zeugnisse sowohl des Hugo Certorinus als des
Gerardus Aimondanus, als welche beede erst im
16 Jahrhundert gelebt, und daher wenig entschei-
dendes für die Wahrheit sprechen können, sind von
einer

einer Art, daß sie eben für einen wie für den anderen Satz können angewendet werden; auch ist
dadurch, daß sie Gearoo den Namen eines französischen Kavaliers beilegen, noch nicht bestimmt genug, daß er in der Provence gebohren seie, indem man ihn mit eben soviel Grunde aus der Normandie oder einer andern Provinz in Frankreich
gebürtig zu seyn vorgeben könnte, und über dieß
zu selbigen Zeiten der Gebrauch war, alle diejenigen, welche mit dem ersten Kreuzzuge in die heiligen Länder fortgewandert sind, mit dem Namen
der Franchi (welches nach ihrer Erklärung blos
allein Leute von französischer Nation sein sollten)
zu belegen. Diejenigen, welche Gerardum für einen Franzosen ausgeben, wollen ihn aus der Familie von Tunc oder Tum oder wieder andere ihn
aus dem Hause San-Didier entsprossen wissen.
Vielleicht aber hat blos die Zweydeutigkeit des Johann Turc, welcher ein Mitbruder des Gerardus, und Vorsteher der Zunge von Frankreich war,
hiezu Anlaß gegeben, weil man zu selbigen Zeiten
in öffentlichen Urkunden die eigenen Namen blos
mit ihren Anfangsbuchstaben auszudrücken gewohnt
war, und es also sich leicht fügen konnte, daß der
Buchstabe G. welcher eben sowohl Giovanui als
Gerardo andeutete, und die Veränderung des
Namen Turc mit Tunc Gelegenheit gegeben habe, den Vorsteher der Französischen Zunge mit
dem Stifter des Ordens zuverwechseln. Es ist
aber eine vergebne Sache die Familie des Stifters
aufzusuchen, da man noch nicht einmal über dessen
Geburtsort einig geworden. Indeß sind doch die
meisten Geschichtschreiber der entgegen gesetzten oben
angeführten Meinung, daß der Stifter Gerardus

aus

aus Amolfi im Königreich Neapel gebürtig seie,
ungemein mehr gewogen, welche auch von dem berühmten Paoli cod. dipl. ger. t. 1. p. 330. um so
wahrscheinlicher erkennt wird, als durch die wichtige Handlung, welche die Amalfitaner in Orient
getrieben, und durch die vielen Reisen, welche sie
dahin unternommen, diese Nation sich ein unge-
meines Ansehen in dortigen Gegenden erworben
hat, und in der Stadt Amalfi schon seit undenkli-
chen Zeiten ein Kreuz, welches dem gewöhnlichen
Ordenskreuz von Jerusalem fast durchgehends ähn-
lich war, zu tragen üblich gewesen, welches nachgehends das Ehrenzeichen einer gewissen besondern
Familie zu Amalfi geworden, und endlich etwa
durch einen Stifter dieses Namens beim heiligen
Orden eingeführt worden sein mag.

Allein alles dieses zusamgenommen macht uns
höchstens nur eine gegründete Muthmassung, daß
der Stifter Gerardus vielmehr ein Amalfitaner als
ein Franzos gewesen, und bestimmet keineswegs die
Gewisheit weder von der einen noch der andern
Meinung, deren keine genug Beweisgründe für
sich anzuführen vermag. Die Aufrechtstehung eines zu den Zeiten der Belagerung immer offenge-
standenen Spitals wird billig verneinet, indem dieses erst viele Jahre nach jenen unruhigen Zeitläuf-
ten seinen Anfang genommen. Die Gleichheit des
zu Amalfi schon vorher üblich gewesenen und nachhin beim Orden eingeführten Kreuzes beweiset ebenfalls nichts, wenn man nicht darthun kann, daß
dieser Gebrauch zu Amalfi eben das Alterthum,
als der erste Kreuzzug nach Orient, vor sich habe, welches, wenn man es auch wirklich beweisen
könnte, die Gewißheit der Sache noch nicht ent-
schei-

scheiden würde, indem der Gebrauch des Kreuzes und des weissen Fahns in jenem heiligen Feldzug das eigentliche Unterscheidungszeichen der Normänner gewesen, wie es auch Bömundus und Balduinus getragen, und also geschehen konnte, daß die Amalsitaner, welche unter diesen Fürsten den Kreuzzug mit unternommen, dieses in jener kriegerischen Unternehmung gewöhnliche Kreuz sich beibehalten haben, woraus weiter keine andere Folgen zuziehen wären, als daß diese Nation eben so, wie die Johanniter, im Gefolge des Normands gewesen, und bei der Eroberung dieser heiligen Stadt mit ihnen unter der nämlichen Fahne gestritten haben, welches aber auch niemand in Abrede stellen wird.

Dieses sind die Gründe, wodurch sich sowohl die Italiäner als die Franzosen die Ehre zuzueignen trachten, daß der Stifter Gerardus aus ihrer Nation herstamme; da sie aber durchgehends seicht und von gar keinem Bestand sind, so will ich es wagen, meine Meinung, welche ich etwas standhafter gegründet zu sein glaube, über das Vaterland und die Familie dieses grossen Mannes dem Urtheile meiner Leser in folgenden Kapitel freimüthig zu unterwerfen.

Sech=

Sechzehntes Kapitel.

Von dem Vaterlande des seeligen Gerardus.

Alle Geschichtschreiber kommen darinn überein, daß dieser erlauchte Stifter des Ordens von Jerusalem unzählige Marter, von den Mahumetanern auszustehen gehabt; schon dieser Umstand allein von seiner Geschichte muß ihn unter den Eroberern von Jerusalem besonders merkwürdig machen; dieser Zug des ruhmvollen Lebens Gerardi, welcher ohnmöglich in Vergessenheit bleiben konnte, muß uns mit Sicherheit zu einer Quelle von Nachrichten über sein wahres Vaterland führen, und uns unter so vielen Geschichtschreibern, welche zur Zeit des ersten Kreuzzuges gelebt, wenigst einen einzigen finden lassen, welcher von dem Marterleiden dieses Stifters und bei dieser Gelegenheit auch von seinem Herkommen bestimmtere Erwähnung thut.

Wilhelm, welcher, obschon er erst 80. Jahre nach Entstehung dieses Ordens geschrieben, doch dessen ungeachtet das Glück gehabt sich vor vielen andern auch ältern Schriftstellern besondern Beifall zu erwerben, erzählet, daß Gerardus, welcher zur Zeit der von den Kreutzträgern unternommenen Belagerung sich zu Jerusalem befunden, beim Uebergang dieser Stadt von den Barbaren gefangen, und damit er die Schätze, welche sie von den Christen in

J   Die-

diesem heiligen Orte der lateinischen Kirche verborgen zu seyn glaubten, entdecken sollte, mit den grausamsten Martern dergestalt behandelt worden, daß ihm seine ganze Lebenszeit hindurch unzählige Narben an allen seinen Gliedern zurückgeblieben sind.

Daß diese Begebenheit sich mit Gerardo wirklich zugetragen habe, ist ausser allen Zweifel; doch behaupten die meisten übrigen Geschichtschreiber daß sie nicht zu Jerusalem zur Zeit der Belagerung, in den ersten Tagen des Heumonats, sondern zu Assur, einer mahometanischen Stadt, im Anfange des Herbstmonats geschehen seye.

Wenn die Thatsachen bei den meisten Schriftstellern auch ihre vollkommene Richtigkeit haben, so zeiget sich unter ihnen in Rücksicht auf die Umstände von Zeit und Ort doch oft eine so auffallende Verschiedenheit von Erzählungen, daß man sich nicht ohne äusserster Schwierigkeit darein zu finden vermag, und dieß um so mehr, wenn die Geschichtschreiber Dinge, welche viele Jahre vor ihnen geschehen, erzählen, oder ihre Erzählungen erst auf die Nachrichten anderer, welche lange vor ihnen gelebt, gründen, von welch letzterer Anzahl auch der eben angeführte Wilhelmus in Rücksicht auf die Geschichte des ersten Kreuzzuges gewesen, zu welcher Zeit, wie wir oben gezeiget, das Haus und das Spital der lateinischen Kirche noch nicht in ihrer richtigen Verfassung gestanden, wodurch also auch der einzige Scheingrund, daß dieser seel. Ordensstifter damals zu Jerusalem sich befunden, von selbst zernichtet wird. Indessen werden wir in den eignen Worten, womit dieser Geschichtschreiber einige Umstände dieses Krieges und dieser Belagerung beschreibt, beweise genug finden, klar darthun zu können,

nen,

nen, daß zur Zeit, wo Jerusalem von den Kreuz⸗
trägern belagert worden, weder katholische Chri⸗
sten von der lateinischen Kirche, noch jene sogenann⸗
ten Franzosen aus Occident, und folglich weder
Gerardus sich in dieser Hauptstadt befunden haben.
Da ich voraussetze, daß bei Annäherung dieser ta⸗
pferen Kreuzträger Jerusalem von allen Gläubigen
geräumet worden, so rede ich nicht von den abtrün⸗
nigen Christen, Ketzern, oder Renegaten, von wel⸗
chen immer eine unzählige Menge sowohl das ganze
Palestina als auch die Hauptstadt bewohnte, und
die wahren Christen immer auf das grausamste ver⸗
folgt hatten, wie es Wilhelmus selbst bekennet und
Balduin in einem Briefe an Urban II. erzählet,
daß die wahren Christen von den Griechen, Arme⸗
niern, Siriern, Jakobitern und Ketzern weit mehr
als von den Türken zufürchten hatten. Dieses treu⸗
lose Volk, besonders die Renegaten, welche sich im⸗
mer nur zu der siegenden Parthei schlugen, und
dadurch, daß sie doppelte Sprachen besaßen, den
belagerten Barbaren ungemein wichtige Vortheile ver⸗
schaften, hatten, sobald Jerusalem von den Kreuzträgern
eingenommen war, sich als die eifrigsten Christen ver⸗
stellet, und sich mit Kreuzzeichen, mit Singung hei⸗
liger Gebether und andern äusserlichen Zeichen einer
katholischen Frömmigkeit von den Siegern das Le⸗
ben und freies Geleite erhalten. Doch von diesem
ist hier die Rede nicht! Nur macht kein einziger jener
Schriftsteller, welche sich zu dieser Zeit am Leben
befanden, davon Meldung, daß sich zur Zeit der
Belagerung katholische Christen, welche gewiß ihre
Religion nicht würden verläugnet haben, und worun⸗
ter eben unser Gerardus hätte sein sollen, zu Jerusa⸗
lem befunden haben, und obschon mehrere schreiben,

J 2   daß,

daß, als die Kreuzträger zu Antiochia angekommen, der Patriarch von Jerusalem Simon ein Mann
von ausgemachter Tugend und Rechtschaffen-
heit, seine Kirche verlassen, und sich, wie Albertus aquensis erzählet, aus Furcht der gräu-
lichsten Mißhandlungen, womit ihn die aufgebrach-
ten Barbaren bedrohten, nach Cyprus geflüchtet
habe, so ist es doch schwer zu behaupten, daß ein
so tugendhafter und heiliger Mann bei so kritischer
Lage der Umständen, und, wo es am hauptsäch-
lichsten um Starkmuth und Aufmunterung zu thun
war, seine anvertraute Heerde den reissenden Wöl-
fen zur Beute hätte überlassen sollen, und, wenn
man entgegen setzen will, daß es die Klugheit for-
dere, sich nach den Umständen der Zeit zufügen, um
nicht das Opfer der mahumetanischen Grausamkeit
zu werden, so ist es in solchem Falle eine eben so
ausgemachte Pflicht eines guten Hirtens, an der
Spitze seine getreuen Heerde zu bleiben, und, wenn
die Flucht unvermeidlich nothwendig ist, selbe in diesen Unternehmen mit Muth und Treue anzuführen,
und von selber unzertrennlich, sein Heil mit den ihrigen zum Leben und Tod zu verbinden. Es ist noch
zubemerken, daß in kurzer Zeit zwo Hauptverände-
rungen zu Jerusalem vorgiengen: Die Türken besaßen diese Hauptstadt seit vielen Jahren, als sie
bei Verbreitung des Gerüchts, daß ein christliches
Kriegsheer herannahe, aus Furcht die Stadt gegen
ein so mächtiges Heer nicht vertheidigen zu können,
selbe ihren vorigen Besitzern, nämlich den Babilo-
nern und Saracenen überlassen hatten; da war also
ein doppelter Beweggrund zum unversöhnlichsten
Haße wider die Christen, auf einer Seite die Türken, welche die grausamsten Martern wider selbe,

wenn

wenn sie zurückgeblieben wären, beschlossen, weil sie sich durch Ueberraschung der Kreuzträger gezwungen sahen, die Hauptstadt zu verlieren, auf der andern . Seite die Saracenen, welche billig verzweifelten die Belagerung lange aushalten zu können. Bei welcher Beschaffenheit der Umständen, und nachhin erfolgten Flucht des Patriarchen übersteigt es alle Wahrscheinlichkeit, daß zu Jerusalem auch nur ein einziger zur römisch-katholischen Kirche gehöriger und von selber dafür erkannter Christ, mithin auch nicht unser seel. Stifter Gerardus in Jerusalem zurückgeblieben seie.

Wenn man auch noch zugeben wollte, daß zur Zeit der Belagerung ein Katholik von der griechischen Kirche sich zu Jerusalem aufgehalten habe, so kann die Eigenschaft eines Morgenländers, die Gleichheit an Sitten und Sprachen, und vielleicht auch ein mit selben gemeinschaftliches Interesse oder besondere Freundschaft, wenn er unter den Barbaren in der Hauptstadt zurückgeblieben wäre, ihn vor ihren grausamen Verfolgungen sicher gestellet haben. Allein unser Gerardus war weder ein Morgenländer noch gehörte er jemals zur griechischen Kirche, ja er war nicht allein von der lateinischen Kirche; sondern eben einer aus jener streitbaren Nation wider welche die Heiden den unversöhnlichsten Haß untereinander beschlossen hatten. Wie hätte also Gerardus in der Stadt mitten unter diesen Barbaren bleiben, und zugleich dem allergrausamsten Tod entkommen können? Man darf nur einen geringen Begrif von der Beschaffenheit jenes Krieges haben, um vollkommen einzusehen, daß sich jene blutdürstige Unmenschen niemal begnüget haben würden, Gerardum nur mit untödlichen Martern zubelegen,

und sodann lebend wieder entwischen zu lassen, wie
es der Geschichtschreiber Wilhelm behauptet, sondern sie würden ihm vielmehr die grausamste To-
desart, oder wenigst eine ähnliche quaalvolle Strafe
öffentlich und im Angesicht aller Kreuzträger ange-
than haben. Unter allen auch hartnäckigsten Kriegen, deren schaudervolle Scenen uns die Geschichte
aufbewahret, wird kaum einer zufinden sein, welcher soviel Menschenblut dahin strömen gemacht,
und in welchen so viele unmenschliche Grausamkeiten ausgeübet worden, als bei der Eroberung der
heil. Orte, über deren Erinnerung die Natur zurück-
bebt, und selbst die ganze Menschheit sich zu schä-
men scheint. Die Türken ließen ihrem veralteten
Haß wider die Christen vollen Zügel, und da sie
auf das neue von selben angegriffen wurden, boten
sie allen Mächten der Wuth auf, ihren Rachedurst
mit Christenblut zu stillen; und die Kreuzträger gleichsam als hätte der über die unerhörte Grausamkeiten
dieser Ungläubigen erzürnte Gott sich ihrer Hände
zur Führung des alltödtenden Rachschwerts bedient,
hatten ganz nach ihrem Beispiele alle Gattungen von
Grausamkeit erschöpft, und Mord und Tod um sich
her verbreitet; die Geschichtschreiber melden, daß
ein Strom von Menschenblut, auf welchen zer-
stümmelte Leichen einher geflösset, nicht nur die
Straßen von Jerusalem überdecket, sondern sogar
den hereindringenden Siegern bis an die Schenkel gerei-
chet habe. Es sey mir erlaubt, einige dieser schauder-
lichen Thaten von einer wie von der andern Seite
durchzugehen, so wie sie von Geschichtschreibern,
welche selbst bei diesen blutigen Auftritten zugegen
waren, erzählet werden, um selbe mit den unge-
gründeten Nachrichten des Wilhelmus zusammen

zu

zu halten, und sodann den Grad der Unwahrschein-
lichkeit dieser letzteren abzusehen. Die tapferen Pil-
grime waren unter den Mauern von Antiochien,
als Rinaldo Porchetto ein adelicher Kreuzträger
mitten im heldenmüthigsten Gefechte von den Heiden
gefangen worden. Er wurde in die Stadt geführt,
und nachdem man ihn umsonst zur Abschwörung
seiner Religion zuvermögen gesucht hatte, enthauptet; allein die zurückgebliebenen Pilgrimme, welche
ebenfalls in ihre Hände gefallen, wurden alle zusammen mit auf den Rücken gebundenen Händen
auf den Platz geführt, und, nachdem man rund um
sie herum Scheiterhaufen angelegt, lebendig ver-
brannt. Als die Heiden nachgehends keine christlichen Feinde mehr in Gewalt hatten, an denen
sie ihre Mordbegierde stillen konnten, machten sie
sich über die Todten, giengen zur Nachtzeit vor die
Stadt hinaus und hieben denen entseelten Christen,
welche vorigen Abend hinter den Stadtmauern tod
hingestreckt geblieben waren, die Köpfe ab, um die
Lust zu haben, selbe bei hellen Tage mit ihren
Wurfmaschinen mitten unter das christliche Kriegsheer hineinzuschleudern.

Fast eben so verfuhren die Kreuzträger wider
die Türken, und Guibert erzählet, daß die Vor-
nehmsten aus ihnen dem Pöbel die Köpfe der entseelten Heiden einen zu 12 Solde abkauften, um
selbe in die Stadt hineinschleudern zu können. Doch
wir wollten sehen, welch blutige Auftritte sich zu
Jerusalem zur Zeit der Belagerung ergaben. Albertus aquensis bemerkt, daß die Kreuzträger einen
saracenischen Edelmann, welcher unglücklicher Weise unter ihre Hände gerathen, bis an die Stadtmauern hinangetragen, und ihn sodann unter den

J 4

Augen seiner Kammeraden enthauptet haben, ja
sogar berichtet uns Tudedobus, welcher bei der Belagerung in eigner Person gegenwärtig war, daß
sie einen andern Saracener auf eine Maschine gestellet um ihn lebendig in die Stadt hineinzuschleudern, doch die Heftigkeit des Wurfs war so entsetz-
lich, daß der Körper durch die Gewalt des Luft zerrissen, und stückweise in die Stadt hineingefallen
ist. Indessen da die Belagerten ihrer Mordbegierde
nicht anders mehr gen.. thun konnten, so stunden
sie auf den Stadtmauern, machten Kreuzgalgen,
richteten selbe auf, und trieben auf selben so schau-
dervollen Unfug, daß über ihren Anblick die streitenden Christen weit mehr als über den Anblick des
Todes zurückbebten.

Diese angeführten Beispiele können zum Beweise dienen, daß nichts unwahrscheinlicher seie, als daß
der seel. Gerardus einer aus der Nation der Bela-
gerer eben bei diesem allgemeinen Schauplatz von
Grausamkeiten zu Jerusalem anwesend gewesen, und
nur mit einigen Martern zur Entdeckung der ver-
borgenen Schätze angehalten worden, übrigens aber
doch mit der Todesstrafe verschont geblieben sein
solle; denn wenn dieses wirklich geschehen wäre, so
würden die ihm angethanene Martern gewiß in öffentlichen Urkunden bekannt gemacht, und von den
damals gegenwärtig gewesenen Geschichtschreibern,
welche doch sonst auch die unbeträchtlichsten Umstände von dieser Begebenheit zurügen gewohnt waren,
angemerkt worden sein. Wir werden im Gegentheile finden, daß zur Zeit, wo Gerardo diese
Leiden widerfuhren, es nicht an Geschichtschreibern mangelte, welche uns die wahre Beschaffenheit dieser Sache auf die genaueste und umständ-
lich-

lichste Art beschrieben, und daraus werden wir mit
allem Grunde schliessen können, daß die Erzählung
des Erzbischof von Tirus, welcher zu jener Zeit noch
gar nicht am Leben war, um so weniger für richtig
könne angenommen werden, als die Voraussetzung,
daß es damals eine heil. Freistadt in Jerusalem
gegeben, vollkommen falsch ist, und eben so wenig
die Umstände der Zeit als des Orts mit dieser Begebenheit übereinstimmen.

Jenes also, was der angeführte Geschichtschreiber als eine zu Jerusalem geschehene Begebenheit
angiebt, müssen wir nach dem Zeugnisse des Albertus aquensis, welcher seine Geschichte nicht nur
mehr als 60 Jahre vor dem Erzbischof von Tirus,
sondern eben zur Zeit des ersten Kreuzzuges geschrieben hat, und also weit von grösseren Ansehen ist,
als eine Sache ansehen, welche zu Assur einer mahometanischen Stadt mehr als 40. Tage nach Eroberung Jerusalems sich auf folgende Art zugetragen hat.

Als Jerusalem eingenommen, und Goffredus
Herr und König über diesen kleinen Landstrich geworden, hatte sich so ein allgemeiner Schrecken vor den
christlichen Waffen über die Gemüther jener unglaubigen Völker verbreitet, daß sich einige aus
ihnen mit so vieler Mühe bestrebet, die Gewogen-
heit und Freundschaft dieses neuen Königs zu gewinnen, daß sie ihm sogar Tribut zu zahlen sich verbunden haben. Von dieser Anzahl waren die Einwohner von Assur, einer nicht weit von Jerusalem
entlegenen Stadt, welche, um nicht von diesen Eroberern beunruhiget zu werden, ein Freundschafts-
Bündniß mit dem Könige Goffredo errichtet haben,
über dessen unverletzliche Beobachtung und Sicher-

J 5   heit

heit von beeden Theilen Geißel ausgeliefert worden.
Goffredus schickte zu diesem Ende den Assyrianern
einen aus den Kavalieren seines Gefolgs und seinen
besten Freund Gerardus mit Namen, dem er noch
einen andern, nämlich Lambertus zur Gesellschaft
mitgegeben, welche beede kein Bedenken trugen sich
der Gewalt der Barbaren in die Hände zu liefern.
Allein die von Seiten der Stadt Assur Goffredo
zugeschickten Geisel flüchteten sich in geheim wieder
in ihre Vaterstadt zurück, worauf die Assyrianer,
zufrieden ihre Landsleute wieder zu haben, und sich
auf die beeden adelichen Kreuzträger, welche sie in
ihrer Gewalt hatten, stützend, die gegebene Treue
gebrochen und die alten Feindseligkeiten wider die
Christen wieder neuerdings unternommen haben.

Der neue König von Jerusalem sah einer sol-
chen Verrätherei gar nicht ruhig zu, sondern ver-
sammelte den Kern seiner tapfersten Krieger, und
rückte mit selben vor die Stadt ihrer treulosen Einwohner um an ihnen den gebrochnen Eid zu bestra-
fen, welches sich ohngefähr gegen Ende des Au-
gusts im Jahre 1099. zugetragen haben mag.

Sobald die Assyrianer der Waffen der Kreuzträger ansichtig wurden, bildeten sie sich bereits ein, was
sie für eine schreckliche Rache von einem christlichen
Fürsten, wenn er über sie siegen sollte, zu erwarten hätten. Daher um das christliche Heer von ihrer Gegend zuentfernen entschlossen sie sich auf den Stadtmauern ein Gerüst aufzurichten, und den guten
Gerardum an Händen und Füßen gebunden und
an ein Kreuz geheftet den Augen des Goffredi auf-
zustellen, mit Bedrohen, daß sie ihn (Gerardum)
auf die schrecklichste Art zu Tode martern würden,
wenn Goffredus sich mit seinem Heere nicht alsobald

bald entfernen wollte. Dieſer Streit zwiſchen Gerechtigkeit und Freundſchaft, der ſich in dem Herzen dieſes großmüthigen Fürſten bei Anblick eines
ſo barbariſchen Verfahrens erhob, machte einige
Zeit ſeine Entſchlieſſungen, ob er das allgemeine
Beſte oder das Privatintereſſe vorwalten laſſen ſollte, hin und her wanken.

Endlich aber durch feurige Gerechtigkeitsliebe
aufgefodert, befahl er ſich, nachdem er eine rühren-
de Aufmunterungsrede an Gerardum gemacht, den
Angriff wider die Stadt mit feurigſten Muth und
Tapferkeit zu unternehmen. Es wurde von beeden
Seiten mit unglaublicher Hitze geſtritten, aber dem
Himmel gefiel es nicht die Kreuzträger in dieſer Unternehmung obſiegen zu laſſen, und nach mehrern
fruchtlos abgeloffenen Verſuchen fand dieſer groſſe
Fürſt für gut ſich nach Jeruſalem zurückzuziehen,
und trug alſo mit ſich die doppelte Betrübniß hin-
weg, weder den empfangenen Schimpf nach Ver-
dienſt gerächet, noch den würdigen und unſchuldi-
gen Gerardus von der Wuth der Barbaren gerettet zu haben, welch letztern auch ſowohl Goffredus
als das ganze chriſtliche Heer für Tod beweinet hat.
Allein das Leben dieſes groſſen Mannes war der
göttlichen Vorſicht ganz beſonders am Herzen, als
welchen ſie zum Werkzeuge ihre erhabenſten Ab-
ſichten zur Beförderung und Verbreitung der
Religion auserleſen hat. Denn als er nach
unzähligen theils von den Barbaren theils ſelbſt von
den ſtürmenden Chriſten durch unverſehene Verwun-
dungen ausgeſtandenen Martern vom Kreuz herun-
tergenommen worden, und man deſſen ungeachtet
noch einen kleinen Reſt von Leben an ihm entdecket,
ſo hatten die Barbaren in der Abſicht, daß ihnen
die

die Erhaltung seines Lebens vielleicht noch ein zwei-
tesmal zu einen Rettungsmitel wider die Christen
dienen könnte, sich so ungemeine Mühe gegeben, ihn
zuheilen, daß seine Gesundheit in kurzer Zeit fast
vollends wieder hergestellet worden. Nach einiger
Zeit, als die Assurianer, welche immer eine zweite
Belagerung von Seiten der Christen befürchten sich
das Herz Goffredi neuerdings zugewinnen äußerst
beflissen waren, entschlossen sie sich, Gerardum den
Ascalona zum Geschenke zuübersenden, welcher ihn
nachdem er selben, um sich den König von Jerusalem dadurch geneigt zu machen, auf ein prächtig
geziertes Pferd gesetzet, an Goffred zu gleichem Geschenke überschicket hat; und auf diese Art kehrte der
selige Gerard halb zerschmetert und anHänden und
Füssen gelehmt nach der heiligen Stadt zurücke, herr-
licher Geschmückt mit den Mahlzeichen seiner Marter, als die Sieger mit ihrem Lobeern.

Nun aber will Wilhelm von Tirus von zween
Rittern unter dem Namen Gerhard wissen, deren der
eine zu Jerusalem, der andere zu Assur gemartert
worden sein soll, allein aus den oben angeführten
Gründen erhellet, daß diese Meinung gar keinen
Grund habe, weil, da der Orden erst nach der
Belagerung von Jerusalem von seinem Stifter Ger-
hard auf einen festen Fuß gesetzt worden, selber of-
fenbar kein anderer Gerhard, als jener, so mit in
Assur war, gewesen sein konnte.

Alle in den Schriften der glaubwürdigsten Geschichtschreiber aufgezeichnete Umstände zusammen-
genommen, so erhellet daß selbe unter allen so viel-
fältig gleichlautenden Namen (als Girardo Gheran-
do Girando und dergleichen) mit jenem des Stifters
nämlich Gerardi welcher zu Avennes einem festen
Schloss

Schlos in dem dortmals sogenannten Normanien
(heutigen Niederlanden) um das Jahr 1070. gebohren,
am wahrscheinlichsten zu vereinbaren seien, um so
mehr, als von dieser Familie unter den ältesten Urkunden vor allen andern am öftesten Meldung geschieht, und alle die persönlichen Eigenschaften des
Stifters, welche er bei Errichtung dieses kriegerischen
Ordens gezeigt, ganz mit dem Nationalkarakter der
Normänner am meisten übereinstimmend gefunden
werden.

Ueber dieses sind der Vorzug, welchen das
normännische weiße Ordenskreuz der Hospitaler vor
dem rothen der französischen Ritter behauptet, die
Gleichheit der unter den Normännern immer üblich
gewesenen strengsten Kriegsgesetzen, die dieser Nation eigene Frugalität und Sparsamkeit, die Ueber-
einstimmung der meisten und besten Geschichtschreiber selbiger Zeiten dann besonders die durch die Normänner beförderte Verbreitung des Ordens und die
bewunderungswürdige Eintracht, welche allen ihren
Unternehmungen jederzeit einen so glücklichen Ausschlag
gaben, Gründe genug, Gerardum als einen Ab-
kömmling dieser tapfern und durch kriegerischen Hel-
denmuth so rühmlichst bekannt gewordenen Nation, aus dem Geschlechte der Amaucer anzusehen
und zu behaupten, daß er aus der Anzahl derjenigen gewesen, welche im Gefolge Goffredi waren,
und unter den normännischen Fahnen gestritten hatten. Wenn wir diesem noch beisetzen, daß die entgegenstreitenden Meinungen fast ohne aller Wahrscheinlichkeit seien, und daß dieser Gerardus von
Avennes jederzeit ein über alle andere vorzüglich
glänzendes Gefolge unterhalten, und mit den ersten
dieser Ritter in der engsten Freundschaft gestanden,

so

so können wir unsrer so fest gegründeten Muthmaſ-
ſung den Grad einer unstreitigen Gewisheit beilegen.
Um aber ganz der Quelle seines Stammorts nach-
zuforschen, so müssen wir durch Hilfe der Etimo-
logie die verschiedenen Benennungen aufsuchen, welche von Zeit zu Zeit durch die Abwechslung der
Mundarten aus dem Stammen der Amauer die
heutige gräfliche Familie von Hanau geschaffen
haben.

Der Namen Amauci wurde anfangs den Herren der Grafschaft von Annonien, welche man auch
sonst die Grafschaft von Bergen nannte, gegeben;
daher auch Balduinus, welcher der König und An-
führer des ersten Kreuzzuges gewesen, wechselweise
bald Balduinus von Bergen, bald Balduinus aus
dem Geschlechte der Amauer genannt worden. So
nannte ihn Albertus aquensis Wilhelm von Tirus
und der Geschichtschreiber Dicetus. Robert von
Bergen nannte ihn einen Eneacenser. Dieser Name
entstund aus dem Wort Hainant, womit man dieses Herzogthum zu benennen pflog, und welches die
heutigen teutschen in Hennegau, die Lateiner aber in
Annonia oder Eno verwechselt haben. Daher die
Fürsten dieses kleinen Staats Anauci oder richtiger
Amauci genannt wurden.

Valerius erinnert bei Guibert in append. ad
ann. 1181. p. 803. daß in der Karte, wo sich die
Vertheilung der Landschaften Ludwig des Frommen
unter seine Söhne beschrieben findet, die Grafschaft, von welcher wir reden, Amau anstatt Hai-
nau genannt worden seie, daher die Besitzer davon
ohne Unterschied den Namen der Anauci oder Amauci angenommen haben. Vielleicht hat es sich auch
ereignen können, daß Balduinus von Bergen, genannt

nannt der Hierosolimitaner, deßwegen mit den
Namen des Amancensers belegt worden, weil er
ein Sohn des Grafen von Flandern und mit Ri-
childe, der letzten aus dem Stammen von Annonia
vermählet war, indem die Grafen von Flandern zugleich Eigenthümer der Herrschaft Ham gewesen,
woraus der Name Amancenser wahrscheinlicher
Weise hat entspringen können, welches Beiwort
nachhin von der Familie der Grafen von Flandern
auf jene der Grafen von Annonia und in der Folge auf die Familie der Herren von Avennes hin-
übergekommen ist.

Wie es übrigens immer mit dem Ursprung dieses Worts stehen mag, so ist es gewiß, daß von
den Grafen von Annonien oder von Bergen (del
monte) in den alten Urkunden auf eine wie auf die
andere Art sehr oft Meldung geschieht. Indessen
ist es hier meine Sache nicht, den uralten Adel einer
so erlauchten Familie, wie es jene der Grafen von
Annonien ist, welche nachher die Herrschaft über
Flandern erworben, und selbst mit den Beher-
schern von Lothringen, der Normandie, von Aengelland und Frankreich ja fast mit allen königlichen
Familien sich in Blutsverwandschaft gesetzt hat.

Aus diesem adelichen Hause also war unser
Gerardus entsprossen, die Linie aber, in welcher er
zur Welt gekommen, war jene der Herren von Leu-
se, welche zugleich ein befestigtes Schlos in Besitz
hatten, woher sie den Namen der Herren von Avennes angenommen hatten. Der Großmeister Balduinus, welcher auch zugleich Herr von Avennes
genannt wurde, und in dem 13ten Jahrhundert gelebt, hatte der Welt in seinen Schriften von diesem

c. lauch-

erlauchtesten und zu selbiger Zeit blühendsten Geschlechte die rühmlichsten Nachrichten hinterlassen.

Durch die glänzendsten Verbindungen hat sich endlich das avennische Geblüt, so wie die edelsten Tugenden dieses hohen Geschlechts durch eine besondere Wohlthat der göttlichen Vorsicht, welche die Vermählung der Agnes einer Tochter der Maria von Belmonte mit Alano dem Fünften Herrn von Rohan angeordnet, in dem erlauchten Stammen der Herrn von Rohan vereinet, aus deren hohen Geschlechte der heutige Großmeister Emanuel von Rohan, der würdigste Nachfolger des unsterblichen Gerardus seinen Ursprung genommen, dessen erhabneste Tugenden der Nachkommenschaft zu einem immerwährenden Gegenstand der größten Bewunderung, und seinen Nachfolgern zu einem fast unerreichbaren Beispiel dienen werden.

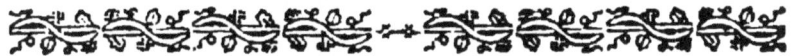

Siebenzehendes Kapitel.

Von der englisch-baierischen Zunge.

Nachdem wir nun die merkwürdigsten Schicksale des hohen Ordens des Hospitals zu St. Johann von Jerusalem nach den Ereignissen der ältern Zeiten, so enge als der Raum, dieser wenigen Blätter es fassen konnte, durchgegangen, so bleibt uns nichts mehr übrig, als die zur Ehre dieses hohen Ordens sowohl neueste, als wichtigste Epoch desselben noch mit wenigen zu berühren.

Es

Es ist beinahe keine Nation, keine Provinz die
so oft die Zeuginn der hohen Thaten dieses Ordens
war, als Baiern und Pfalz. Es war seit zweien
Jahrhunderten her, während den so vielfältigen,
und grausamen Einfällen des Erbfeindes in die christlichen Lande keine Schlacht, keine Belagerung, kein
Entsatz, bei dem nicht die Wafen dieser hohen
Ritterschaft der gerechten Sache der glorwürdigsten
deutschen Kaiser entwerders das Uebergewicht gaben,
oder Verlurst und Wiederwärtigkeiten mit denselben
theilten. Bei all diesen Fehden und Feldzügen aber
waren die für die Kirche und das heilige römische
Reich eifernde Baiern gewiß niemal die letzten.
Die Fahne des Kreuzes von Malta, und jene der
Mutter der Baiern weteiferten jederzeit um den
Vorsprung auf Schanzen und Mauern und rau-
chenden Heerslagern. Beede schienen für ihre eigene Freiheit und Leben zu kämpfen, wenn sie für die
Sache des Reichs kämpften, und Malta hatte für
seine schöne Thaten eben so wenig jemal aufmerk-
samere Zeugen, als es keine dankbarere, keine groß-
müthigere hatte, als eben die Baiern.

Der Gerechtigkeit, und der Großmuth des pfalz-
baierischen Hauses eine Lobrede halten, oder derselben langen Beweisen nachspüren wollen muß der,
welcher über die Forschblicke in die vergangene Zeiten, für die gegenwärtige blind geworden.

Unser durchlauchtigster Kurfürst, dem ungehei-
chelte Gottesfurcht und prunklose Großmuth ein Erb-
theil seines durchlauchtigsten Stammhauses geworden, dem die Ehre Gottes eben so sehr am Herzen
liegt, als jenen tapferen Helden die für dieselbe so
oft Leben, Freiheit, und Güter aufgesetzt, und für
deren Bestes höchst derselbe nun so liebreich ge-

K   sorgt

sorgt hat, erwog es lange mit weisen und gottes-
fürchtigen Männern, wie er den Theil des Altars
der aufgehobenen Jesuiten Gott zur Ehre und würdigen Männern zum Nutzen verwenden wollte.
Das Resultat der Ueberlegungen eines so christlichen Philosophen konnte kein andres sein, als
ein solches, so den Karakter des Fürsten, des Vaters und des Helden zugleich entwickelte. Die Ge-
fühle des Helden und des Christen gaben seiner
Großmuth die Bestimmung, und das, was der
Blödsinnige freilich zum wenigsten erwartetete, war
eben so pünktlich ausgeführt, als durchgedacht.

Seine kurfürstl. Durchleucht ersetzten der für
die Ehre Gottes streitenden Macht das, was dieselbe durch Aengellands Austritt verlohr, da Höchst-
dieselben zum Aufnahme dieses hohen Ordens die
änglisch-baierische Zunge unter dem einzigen Turco-
pilier zu errichten beschlossen. Alle bewegliche und
unbewegliche Güter des erloschenen Jesuiterordens
in Baiern, und in den Herzogthümern Neuburg,
Sulzbach, und der obern Pfalz wurden dem hohen
Orden feierlich übergeben, und zum Besten des
Adels besagter Herzogthümer ein Großpriorat, eine
Kapitularballei, vier und zwanzig Kommenden für
Ritter, und vier Kommenden für Konventualkapläne
errichtet. Da nun die ganze Verhandlung Sr.
kurfürstl. Durchleuch mit Sr. päbstl. Heiligkeit so
wohl als dem hohen Orden ohnehin schon in öffentlichen Drucke erschien, so verweisen wir den
Leser auf diese Schrift, und preisen uns glücklich,
wenn wir durch diese so eingeschrenkte Erzählung
der merkwürdigsten Thaten und des erhabenen End-
zweckes dieser hochwürdigen Ritter alle jene Ehrfurcht, und all das zärtliche Gefühl von Dank und
Liebe

Liebe in den Herzen unsrer Landsleute sollten ange-
facht haben, auf welches dieser erlauchte Orden so
giltige Ansprüche hat. Allein es gab wohl seit die
Menschen in Gesellschaften sich zusammen verbunden, keine Verordnung, keine Neuerung, die nicht
wenigst einigen Theil desselben entweders wirklich
gekränkt, oder doch, um die Zeit zu tödten, in Ge-
genbewegung gesetzt hätte. Eben so gieng es gegenwärtig bei dem Etablissement einer neuen Ordenszunge in Baiern. Es fehlte nicht an Kanngiessern,
die theils aus Prädilection ihrer Meinungen, oder,
was doch fast jederzeit auf das nämliche hinaus-
läuft, aus Mangel der zum raisoniren nöthigen
Kenntnisse, in der Errichtung dieser baierischen Kommenden weis nicht was für ein politisches Versehen
bemerkt haben wollten. Es ist aber nun schon das
berichtigste Erfahrungsdogma daß eben das zum bißig-
sten verlästert wird, wovon der Lästerer die mindeste Kenntniß hat, so glauben wir hir auf die in dem
52sten Band der Berlinerbibliothek über das Etablissement der baierischen Zunge dieses hohen Ordens so unwürdige Anmerkung nichts weiters sagen
zu dörfen, als das, was die Herren Verfasser dieser
litterarischen Annalen offenbar entweders nicht wußten, oder, um ihren Correspondten nicht zu beleidi-
gen, nicht wissen wollten.

Da wir hir mit Gelehrten zu sprechen haben,
die über den Werth oder Unwerth einer Sache immer
ehender mit sich selbst, als mit der Wahrheit der
Sache einig werden, so wollen wir uns weder auf
die Verdienste dieses Ordens, noch auf seine Geschichte beziehen, sondern nur den baierischen Correspondenten der Berlinerbiblothek erst in jenen
Umständen unterrichten, die er freilich erst untersu-

K 2   chen

chen hätte sollen, ehe er Meinungen als Thatsachen angab, und einem Volke, dem jeder Wink seiner
Fürsten von jeher so theuer war, ein gewisses Miß-
trauen einen unbilligen Verdacht gegen die höchsten
Verordnungen einzuflössen suchte.

Wie auffalend, und wie falsch ist diese Stelle,
wo der Correspondent dieser Bibliothek gerade in
den Tag hinein schreibt, der baierische Schulfond
wäre gänzlich eingezohen, und ohne weiterem Ersatze auf Ritter verwendet worden, die dem Staat
keine andere Dienste dafür thun, als daß sie einen
Stern tragen: — Wie ungegründet, wie bißig
und unwürdig eines Analisten diese Exklamationen
seien, wollen wir umständlich betrachten, und sehen, ob der baierische Schulfond unter Karl Theo-
dors Verfügung verlohr, oder gewann. a)

Weiters sind die größten Kapitalien von dem
wahren und eigentlichen Schulfond, Schankungen
der bairischen Herzogen und Kurfürsten, die von un-
serm gegenwärtigen durchlauchtigsten Fürsten nicht
nur allein durch die neu errichtete Ordenszunge nicht
in mindesten gekürzt, sondern durch weise Kamme-
ralanstalten vermehrt, besser gesichert, und auf einen ansehnlichern Fuß gesetzt worden.

Jedermann, der je Baiern bereißte, statistische
Beobachtungen, kammeralische Nachrichten einzoh,
die Grösse oder Kleinheit der zerschiedenen Stände
dieses Landes maß, und mit einander vergleichte,
wird es gestehen müssen, daß der Prälatenstand
nach dem Adel der begütertefte seie, und mit dem,
was die ehemaligen Jesuiten besassen, ganz und
gar

---

a) Wer entscheidet denn endlich auch die Frage, ob
alles das, was die Jesuiten in Baiern besessen, nur lauter Schulstiftungen gewesen seien? —

gar in keine Vergleichung gebracht werden könne:
Daß nun aber dieser Prälatenstand mit all seinen
Gütern und Besitzungen sich zur Garantie des gan=
zen Schul = und Erziehungswesen verpflichtet
habe, scheint uns jederman wissen zu müssen, der
sich um eine der wichtigsten Angelegenheiten unsres
Landes bekümmern will. Da nun aber diese Schul=
garantie aller Prälaturen Baierns eben darum, weil
sie so vielmal grösser, als jene der Jesuiten, auch
vielmal sicherer, ausgebreiteter und beständ=
diger ist; so ist es ganz unbegreiflich, wie noch
jemand über eine Veräusserung des Schulfondes
schreien, oder wenn er, wie hier der Fall war, da=
von nicht einmal unterrichtet, davon schreiben darf.
In dem Augenblicke, wo sich diese neue Garantie
verpflichtete, hörte die vorige auf, und der jesuitische
Schulfond muste ganz offenbar auf eine andere re=
ligiöse Stiftung verwendet werden, und konnte
weder den ersten Willen der Stifter weder zu einer
Schuldenablödigungskasse noch zu einen anderen bles
kammeralischen Fond geschlagen werden. — Nun
erlaubte man uns ebenfalls drei sehr billige Fragen:
1) Zu welcher Stiftung hätte man diese Güter in
Baiern, so mit dergleichen Stiftungen ohnehin bis
zum Ueberflusse übersetzt ist, verwenden sollen? 2)
Wenn der Malteserorden allen denkenden Köpfen
so lächerlich und in kammeralischer Rücksicht so schäd=
lich ist, wie können die Herren Verfasser das Ver=
fahren ihres so weisen als tapfern Königes recht=
fertigen, der nicht nur diesen Orden nichts weniger
als so lächerlich findet, sondern sich selbst zum Ad=
ministrator des Herrenmeisterthums in der Ballei
Brandenburg ernannt: Eine Ballei so noch bis auf
die heutige Stunde zu den Malteserorden gehört,
und

und sich durch die Mark Pommern, Sachsen, und Wenden erstreckt, und also wohl hinreichend wäre eben so hohe Absichten zu unterstützen, als man von Baiern fordert: Oder kann wohl Berlin ohne Parteilichkeit eine ausländische Provinz um eines Schrits willen lächerlich machen, den das Haus Brandenburg schon um zwei Jahrhunderte vorher that, und noch heut zu Tage keines Wegs Mine macht, als wollte es ihn bereuen, oder wiederrufen? 3) Und wer endlich von allen Journallen und Annallenschreibern des Auslandes kennt die Bedürfnisse unsers Landes, die gegenseitige Ballance der Stände, den Defekt und Erceß in Aufmunterung, oder Niedergeschlagenheit, in Hilfsquellen oder Mangel unsres Vaterlandes so gut, daß er aufstehen, und dem Fürsten desselben, dessen kammeralische Kenntnisse so ausgebreitet, als bekannt, und seinen getreuen Rathgebern, die Baier waren, und Baiern kennen, sagen darf: Daß war unüberlegt, ungerecht, landesverderblich? — Worinn besteht das Versehn, wenn Baiern, für dessen so zahlreichen Adel bisher immer weder mit Präbenden, noch mit Commenden nur im geringsten gesorgt war, nun auch auf seinen eigenen Adel, auf die edlen Reste jener glorreichen Männer bedacht ist, die den Namen der Baier verherrlichten, und uns nebst ihren Thaten, ihre Abstämmlinge als Bürgen ihres immer wieder auflebenden Ruhmes zurückliessen.

Wo steckt nun das Unrecht, wenn der Fürst diese ledig gewordenen Güter dazu verwendet, den Adel seines Landes zu unterstützen, ihn mit kriegerischen Muth zu beselen, abzuhärten, und durch Reisen auszubildeten? Oder verdient der Adel ein minderes Augenmerk, als der Bürger, für dessen Söhne, sowohl in Rücksicht der Erziehung, als der Stipendien,

dien, und auf so zerschiedene andere Arten gesorgt ist?
Werden wir wohl so unbillig sein können, daß wir,
in dem wir den Adel nur philosophisch nehmen wollen, seine Forderungen und Ansprüche, so gar unter
jene des Mittelstandes herabsetzen. — Ist das nicht
auch eine Intoleranz? —

Wie darf also ein Annallist des Auslandes,
der noch mit der Verfassung unsres Schuldeparte-
ments, und noch viel weniger mit jener des Ordens
bekannt ist, es wagen dergleichen Anekdoten in den
Tag hineinzuschreiben? Wir bedauern die Hrn.
Verfasser der Berlinerbibliothek, wenn sie sich durch
ihren unwissenden Correspondenten so sehr irre führen
lassen, und verwundern uns nur, wie diese in so vielen Betrachte würdige Gelehrte zu so schalen
Mährchen sich herablassen können, als z. B. die
Erzählung von den Mutter Gottesbildchen war, die un-
unsrem verstorbenen Kurfürsten höchstseliger Gedächt-
niß wieder die Bocken verordnet worden sein sollen, und
die Nachricht, daß aus den Schulfond Sternträger
errichtet worden.

Wir wollen nicht glauben, daß die Hrn. Hrn.
Verfasser der berliner Bibliothek von der Wesenheit,
den Pflichten und Obliegenheiten des Malteserordens
so wenig unterrichtet seien, daß sie die Einführung
desselben in Baiern in ganzen Ernste so lächerlich
machen konnten, sondern nur denken, sie haben das
alles nicht wissen wollen, entweders, weil eben die
Laune ihrer Schrift diesen Witz noch nöthig hatte,
oder — oder was halt ein Schriftsteller oft immer
für Motiven zu schreiben haben mag; sonderbar
ein Recensent der sich die Erlaubniß giebt neben
den litterarischen Produkten auch Nationen und
Fürsten vor der ganzen Welt zu recensiren.